できる
UiPath
ユーアイパス
実践RPA
（ロボティック・プロセス・オートメーション）

清水理史 & できるシリーズ編集部

インプレス

ご購入・ご利用の前に必ずお読みください

本書は、UiPath Studio v2018.3 を使用して、UiPath のサービスとアプリの操作について解説しています。下段に記載の「本書の前提」と異なる環境の場合、または本書発行後に各サービスとアプリの機能や操作方法、画面が変更された場合、本書の掲載内容通りに操作できない可能性があります。本書発行後の情報については、弊社のホームページ（https://book.impress.co.jp/）などで可能な限りお知らせいたしますが、すべての情報の即時掲載ならびに、確実な解決をお約束することはできかねます。本書の運用により生じる、直接的、または間接的な損害について、著者ならびに弊社では一切の責任を負いかねます。あらかじめご理解、ご了承ください。

本書で紹介している内容のご質問につきましては、巻末をご参照の上、お問い合わせフォームかメールにてお問い合わせください。電話や FAX などでのご質問には対応しておりません。また、本書の発行後に発生した利用手順やサービスの変更に関しては、お答えしかねる場合があることをご了承ください。

●本書の前提

本書では、「Windows 10」がインストールされているパソコンで、UiPath Studio v2018.3を使用し、インターネットに常時接続されている環境を前提に画面を再現しています。

「できる」「できるシリーズ」は、株式会社インプレスの登録商標です。
Microsoft、Windowsは、米国Microsoft Corporationの米国およびそのほかの国における登録商標または商標です。
その他、本書に記載されている会社名、製品名、サービス名は、一般に各開発メーカーおよびサービス提供元の登録商標または商標です。
なお、本文中には™および®マークは明記していません。

Copyright © 2019 Masashi Shimizu and Impress Corporation. All rights reserved.
本書の内容はすべて、著作権法によって保護されています。著者および発行者の許可を得ず、転載、複写、複製等の利用はできません。

まえがき

　「RPA」という言葉をよく見かけるようになってから、まだ、さほど期間は経過していませんが、この技術は、あっという間に実際のビジネスシーンの、しかも中核となる重要な部分にまで広まってきました。大手企業では、すでに働き方改革や生産性向上、新たな価値の創出のためにRPAを活用し始めており、その効果が企業の成長の差にも影響を与えるようになりつつあります。

　本書は、こうしたRPAの概要や導入といったファーストステップに加え、さらに高度な技術を活用することで、より効率的に業務改善に取り組めるようになることを目的とした書籍です。国内でのシェアを急速に拡大しつつあるUiPathの製品を題材に、実際に業務を自動化する方法を丁寧に解説しています。

　前半では、初めて利用する人でも迷うことがないようにステップバイステップで使い方をやさしく解説し、後半ではビジネスシーンでよくある課題に対して、具体的にどのような機能を使って自動化すればいいのかを「逆引きスタイル」で解説しています。

　通常、逆引きスタイルの書籍は、その技術のノウハウの蓄積が必要なため、技術がある程度広まってからでないと刊行されませんが、冒頭でも触れたように急速に広まりつつあるRPAへの需要に対応するため、UiPath日本法人の全面協力のもと、最新のノウハウを集めて書籍化しました。

　RPAに興味を持っている入門者だけでなく、すでにRPAの導入に携わっている中級以上の方にも「こんなことまでできるのか！」と感じていただける内容となっていますので、ご一読いただけると幸いです。

2019年1月
清水理史

できるシリーズの読み方

レッスン
見開き完結を基本に、やりたいことを簡潔に解説

やりたいことが見つけやすいレッスンタイトル
各レッスンには、「○○をするには」や「○○って何？」など、"やりたいこと"や"知りたいこと"がすぐに見つけられるタイトルが付いています。

機能名で引けるサブタイトル
「あの機能を使うにはどうするんだっけ？」そんなときに便利。機能名やサービス名などで調べやすくなっています。

レッスン 18

必要な値の入力時に音が鳴るようにするには
警告音

UiPath Studioでは、完全な自動化だけでなく、ユーザーとの対話をしながら処理を実行できます。メッセージと一緒に音を出す方法を見てみましょう。

■ [警告音]で注意喚起する

UiPath Studioでは、[メッセージボックス]を表示して、ユーザーに情報を示したり、[入力ダイアログ]で値の入力を求めたりすることができますが、画面だけでは気付かないこともあります。一緒に音を鳴らすようにすると、ユーザーが気付きやすくなります。

> **このレッスンで使う変数**
>
> このレッスンでは、次の変数を使います。ワークフロー内で登場する変数の用途を確認しておきましょう。
>
> ● inNum
> 型：GenericValue
> 用途：[入力ダイアログ]で入力された値を格納する

● [警告音]
Windowsの[一般の警告音]に設定されているサウンド（Windows 10の標準は「Windows Background.wav」）が鳴ります。

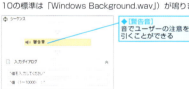

◆[警告音]
音でユーザーの注意を引くことができる

> 左ページのつめでは、章タイトルでページを探せます。

第2章 RPAをもっと使いこなそう

👆 テクニック 複数の選択肢から選ぶダイアログを表示するには

ここでは、[入力ダイアログ]に数値を入力してもらっていますが、これを候補から選ぶ形に変更することもできます。右の画面のように、[プロパティ]パネルの[オプション]に「{"100","300","500"}」と、「{}」で候補を記入しておくと、選択する方式に変更されます。

1 [オプション]のテキストボックスをクリック

2 「{"100","300","500"}」と入力

「100」「300」「500」から選べるようになった

> 「テクニック」では、ワンランク上の使いこなしワザを解説しています。

78 できる

手順

必要な手順を、すべての画面とすべての操作を掲載して解説

手順見出し
「○○を表示する」など、1つの手順ごとに内容の見出しを付けています。番号順に読み進めてください。

操作説明
「○○をクリック」など、それぞれの手順での実際の操作です。番号順に操作してください。

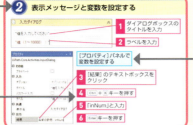

解説
操作の前提や意味、操作結果に関して解説しています。

1 [入力ダイアログ]を追加する

2 表示メッセージと変数を設定する

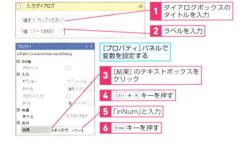

3 [警告音]を追加する

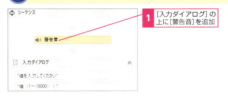

4 表示されたダイアログボックスを確認する

音を変更するには

[警告音]では、音を選択できません。Windowsの設定音がそのまま鳴るため、鳴る音を変えたいときは、Windowsの設定を変更する必要があります。まず、[設定]の画面の[個人用設定]にある[テーマ]で[サウンド]を選択します。続いて、[サウンド]タブを開き、[プログラムイベント]の一覧から[一般の警告音]を選んで、[サウンド]の一覧から音を変更します。[適用]ボタンをクリックしてから、ワークフローを実行すると、設定した音が鳴るようになります。

[サウンド]ダイアログボックスで[一般の警告音]を選択する

[サウンド]のここをクリックして音を選択する

Point
インタラクティブな自動化にも挑戦しよう

このレッスンで紹介した[警告音]や[入力ダイアログ]を活用すると、自動化処理の合間に、ユーザーとの対話を含められます。RPAというと完全な自動化を思い浮かべる人が多いかもしれませんが、業務によっては人間による確認や選択が必要なことも多くあります。人間が対話に気づかず、処理が途中で止まってしまうことがないように[警告音]で確実に操作してもらえるように工夫しましょう。

HINT!

レッスンに関連したさまざまな機能や、一歩進んだ使いこなしのテクニックなどを解説しています。

右ページのつめでは、知りたい機能でページを探せます。

Point

各レッスンの末尾で、レッスン内容や操作の要点を丁寧に解説。レッスンで解説している内容をより深く理解することで、確実に使いこなせるようになります。

※ここに掲載している紙面はイメージです。
　実際のレッスンページとは異なります。

目　次

まえがき ··· 3

できるシリーズの読み方 ·· 4

第1章　UiPath RPAの基本を学ぼう　　9

❶ RPAとは ＜RPAの概要＞ ································· 10

❷ UiPathを始めよう ＜UiPathの概要とインストール＞ ········ 14

❸ UiPath Studioの画面を確認しよう ＜UiPath Studioの画面構成＞ ····· 20

❹ ワークフローを作るには ＜フローチャートの追加＞ ········ 22

❺ 操作をレコーディングしてワークフローを作るには ＜操作のレコーディング＞ ····· 24

❻ レコーディングした操作を実行するには ＜プロジェクトの実行＞ ····· 28

テクニック 思い通りに動かないときは ·············· 29

❼ レコーディングした操作を編集するには ＜記録した操作の編集＞ ······ 30

テクニック 2種類のセレクターの違いを確認しよう ········ 31

❽ 経費入力業務を分析し、自動化してみよう ＜経理業務の自動化＞ ····· 32

❾ ExcelとWebアプリを自動処理するには 1 ＜Excelファイルの読み込み＞ ··· 34

テクニック パッケージをインストールするには ········ 35

テクニック 変数を確認してみよう ·············· 36

❿ ExcelとWebアプリを自動処理するには 2 ＜Webアプリのデータ入力＞ ···· 38

テクニック UI Explorerを活用しよう ·············· 39

テクニック 「繰り返し（各行）」の処理をイメージしてみよう ········· 40

この章のまとめ ············ 48

第2章　RPAをもっと使いこなそう　　49

⓫ ワークフローの処理内容を分かりやすくするには ＜表示名、注釈、コメント＞ ········ 50

⓬ 現在の日時を取得するには ＜日時の取得＞ ·············· 54

テクニック ［System.DateTime.Now］と指定することもできる ········ 54

⓭ 日付や時刻から必要な情報を取得するには ＜日時情報の取得＞ ········ 56

テクニック 日時の形式をマスターしよう ·············· 61

テクニック 日付の記号は個別に変更できる ·············· 61

⓮ 画面の値や文字から処理を分岐させるには ＜条件分岐とフロー条件分岐＞ ········ 62

| テクニック | 人が判断して分岐するには ··································· 64 |
| テクニック | 3つ以上の分岐で使うアクティビティ ··························· 67 |

⑮ 処理の途中でスクリーンショットを取得するには ＜スクリーンショット＞ ····· 68

| テクニック | エラーが発生したときの画面を残せる ··························· 68 |

⑯ 処理が終わったファイルをフォルダーに移動するには ＜ファイルの移動＞ ······ 70

| テクニック | ファイルのコピー時は、ファイル名を忘れずに ··············· 75 |

⑰ ファイルやフォルダーを削除するには ＜削除＞ ·························· 76

| テクニック | 削除前にフォルダーが空かどうかを確認しておこう ··············· 76 |

⑱ 必要な値の入力時に音が鳴るようにするには ＜警告音＞ ················ 78

| テクニック | 複数の選択肢から選ぶダイアログを表示するには ··············· 78 |

この章のまとめ············ 80

第3章　Excelと連携しよう　81

⑲ Excelからデータを取得するには ＜Excelデータの読み込み＞ ··············· 82

テクニック	行と列で構成されるデータがデータテーブル ··················· 85
テクニック	こんなにあるExcel関連のアクティビティ ······················· 85
テクニック	列番号の代わりに見出しの名前を使える ······················· 85

⑳ Excelにデータを書き込むには ＜Excelデータの書き込み＞ ················ 86

| テクニック | ワークシートをコピーしてバックアップしておこう ··············· 89 |

㉑ Excelのマクロを実行するには ＜マクロを実行＞ ························· 90

| テクニック | マクロに引数を渡したいときは ··································· 90 |

㉒ ExcelのデータをWebアプリに入力するには ＜Excelデータからの入力＞ ······· 92

この章のまとめ············ 98

第4章　メールやWebサイトと連携したい　99

㉓ メールを送信するには ＜メール送信＞ ································ 100

㉔ メールの本文や添付ファイルを読み取るには ＜メッセージとファイルの取得＞ ······· 102

| テクニック | 複数メールの処理を確認しておこう ··························· 104 |

㉕ Webページから表データを読み取るには ＜データスクレイピング＞ ··············· 106

㉖ 特定の処理を抽出して呼び出すには ＜ワークフローの切り出しと呼び出し＞ ··············· 110

| テクニック | 呼び出し元の変数と呼び出したワークフローの引数が違うときは ·····113 |

㉗ 思い通りに文字が入力できないときは ＜文字入力のオプション設定＞ ……………114
　テクニック ３種類の入力方法の違いを確認しよう ………………………………114
㉘ クリックする場所をピクセル単位で調整するには ＜カーソル位置、オフセット＞ …118
㉙ 目印の画像の近くをクリックするには ＜Citrix＞ …………………………120
　テクニック 仮想環境やターミナルからテキストを読み取るには………………………123
㉚ 近くの要素を手がかりに特定要素を操作するには ＜アンカーベース、相対要素＞ …124

この章のまとめ…………130

第5章　より高度なテクニックを使おう　131

㉛ まれに表示されるポップアップ画面に対応するには ＜エラー発生時の設定＞ ………132
　テクニック マクロ有効ファイルを作成するには……………………………………137
㉜ 失敗する可能性がある処理を実行するには ＜リトライスコープ＞ …………………138
　テクニック 条件を指定するには……………………………………………………141
㉝ 変数を使って操作対象を動的に指定するには ＜セレクターの編集＞ …………………142
㉞ Excelから特定のデータだけを抽出するには ＜範囲内で検索、フィルターウィザード＞ …146
　テクニック Excel関連のアクティビティを確認しよう ……………………………149
㉟ 西暦から和暦へ変更するには ＜変数とインスタンス＞ ……………………………150
㊱ ファイルが更新・追加されたことを検知するには ＜イベントを監視＞ ……………154
㊲ ファイルを確実にダウンロードするには ＜ダウンロード処理の使い分け＞ …………158
　テクニック クリック操作でファイルを保存するには………………………………160
　テクニック ダウンロード完了の通知を非表示にするには…………………………165
㊳ 外部のWebサービスと連携させるには ＜REST APIとJSONの活用＞ ……………166
　テクニック APIリクエストURLの加工が必要 ……………………………………169
　テクニック JSONの構造を理解しよう ……………………………………………171
㊴ UiPathをより詳しく学ぶには ＜UiPathアカデミー＞ ……………………………174

この章のまとめ…………176

付録1　主なアクティビティ一覧 ………………………………………………177
付録2　主な変数型一覧………………………………………………………183
用語集………………………………………………………………………184
索引…………………………………………………………………………187
本書を読み終えた方へ………………………………………………………189
読者アンケートのお願い………………………………………………………190

UiPath RPAの基本を学ぼう

第 1 章

RPAとは、どんなもので、どうやって使えばいいのでしょうか？　この章では、RPAの基本的な考え方の解説からスタートし、RPAの代表的なソリューションであるUiPathの製品の使い方を解説します。

●この章の内容

❶ RPAとは ……………………………………………………… 10
❷ UiPathを始めよう …………………………………………… 14
❸ UiPath Studioの画面を確認しよう ……………………… 20
❹ ワークフローを作るには …………………………………… 22
❺ 操作をレコーディングして
　 ワークフローを作るには …………………………………… 24
❻ レコーディングした操作を実行するには ……………… 28
❼ レコーディングした操作を編集するには ……………… 30
❽ 経費入力業務を分析し、自動化してみよう ………… 32
❾ ExcelとWebアプリを自動処理するには 1 ………… 34
❿ ExcelとWebアプリを自動処理するには 2 ………… 38

レッスン 1

RPAとは

RPAの概要

「働き方改革」や「業務効率化」といった観点から、「RPA」が急速に注目を集めています。RPAとは何なのでしょうか？　その実体に迫ってみましょう。

■ 面倒な作業に時間を取られていませんか？

日々の仕事に忙殺されていませんか？　もちろん、ひと口に「仕事」といっても、その内容は業種や職種によってさまざまです。しかし、毎日繰り返される仕事を振り返ってみると、そこには必ずしも自分が処理しなくてもよさそうなことや、もっと効率的に処理できそうなことがいくつか含まれているはずです。こうした仕事に貴重な時間を取られ、本来の業務や新しい価値を生み出す仕事に十分な時間を割けなくなることは、会社にとっても、働いている個人にとっても不幸なことといえます。

働き方改革にも役立つ

現在の仕事内容を効率化しようという取り組みは、「働き方改革」にも大きく貢献します。やみくもに「時短」を叫ぶだけでなく、仕事の内容を見直し、それを効率化する仕組みを導入することで、やらなければならない仕事を短時間で済ませることこそ本当の意味での働き方改革につながるはずです。

生産性も向上する

「働き方改革」というと時間を短縮することにばかりに注目してしまいがちですが、仕事内容を見直すことで生産性を向上させることができる点にも注目すべきです。1つ1つの仕事の質を向上させたり、新たな取り組みをする時間を創出したりすることも可能です。

今の仕事のやり方をなるべく変えずに改革する

仕事を効率化するために、今の仕事のやり方を変えたり、そこで使っているシステムに大きく手を加えたりすることは、かえって逆効果になる場合があります。コンサルティングやシステム開発に多くの費用がかかったり、新しい仕事の仕方に慣れるまでのトレーニングが必要になってしまったりしては意味がありません。もちろん、仕事内容を見直して無駄を省くことは大切ですが、まずは、今の仕事の「流れ」を変えることなく効率化する方法を検討してみましょう。

ロボットを使って人間の作業を自動化しよう

「RPA」は、今まで人間がしていた仕事の一部をコンピューター上で動作するロボットを使って自動化しようという取り組みです。経費精算や受注管理、請求書作成、アンケート集計、情報収集など、普段、Excelや業務アプリケーションを使ってしている作業をロボットに覚えさせることで、人間の代わりに入力や値のチェック、情報取得といった作業を自動的に実行させることができます。

作業効率がこんなに違う

ロボットは、アプリの起動やデータの取得、入力といった作業を極めて短時間で実行できます。例えば、Excelを起動して、表のデータを確認し、その値を業務アプリケーションに入力。入力結果を元の表に反映して更新するといった作業に、人間が数分〜数十分の時間をかけていたとしても、ロボットならほんの数秒〜数十秒で処理を完了させることができます。

RPAって何?

RPAとは、「Robotic Process Automation」の略で、ロボットによる仕事の自動化を指します。「デジタルレイバー」などと呼ばれることもあります。従来のITシステムも仕事を自動化することができますが、RPAでは、主に「人間がパソコンで実行していた作業」を置き換える技術となります。

ロボットって何?

RPAの「ロボット」は、いわゆる機械のロボットではなく、パソコン上で動作するソフトウェアです。「Excelを起動する」「セルのデータを読み込む」「読み込んだ値を業務アプリの入力欄に入力する」「更新ボタンをクリックする」など、あらかじめ定義した指示書に従ってパソコンのアプリを自動的に操作することができます。

人間はほかの作業に集中できる

ロボットによって、今まで何十分、何時間もかかっていた仕事が短時間で完了すれば、その分、人間は別の仕事をできます。新しい企画を考えるなど、人間しかできない、よりクリエイティブな仕事に時間を割けます。

次のページに続く

こんな作業を自動化できる

RPAによって、どのような仕事を自動化できるのでしょうか？
ここではRPAの利用が適している作業を紹介します。

●決まった流れで進む作業

例えば、他部門や取引先から送られてきたExcelのファイルを元に、新しい文書を作成して、社内掲示板にアップロードするなど、決まったアプリを使って、決まった流れで、決まった情報を扱う作業はRPAで自動化しやすい仕事といえます。

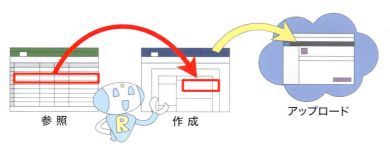

国内企業での導入例が相次ぐ

RPAは、銀行や保険会社など、国内の大手企業での導入が進んでおり、すでに高い実績を上げている技術です。例えば、コールセンターの各種書類の作成、業務システムへのエントリー入力、依頼書の不備のメール配信、社内の各種申請・承認業務などの自動化に活用されています。

どんな業界のどんな業務に向いているの？

RPAは、金融、通信、小売り、製造、エネルギー、医療、運輸、教育機関など、あらゆる業界で活用されています。請求処理など経理部門での活用がイメージしやすいかもしれませんが、実際にはパソコン上で実行されるほとんどの処理を自動化できます。

●転記を繰り返す作業

アプリから別のアプリへと情報を転記する作業はRPAの得意とするところです。例えば、Excelの情報を元に、業務アプリにデータを入力するといった仕事が該当します。こうした作業は、値を変えながら同じ作業が繰り返されますが、こうした繰り返し作業もRPAの得意とする分野です。

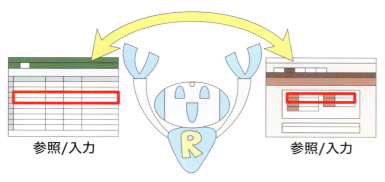

どんなアプリやサービスと連携できるの？

どのようなアプリやサービスを自動化できるかは、利用するRPA製品によって異なりますが、本書で取り上げるUiPathは、WordやExcelなどのOffice製品はもちろんのこと、SalesforceやSAPなど、さまざまなサービスとの連携が可能となっています。

ターミナル操作の自動化もできる

本書で紹介するUiPathは、Windowsアプリやブラウザーで動作するサービスだけでなく、ターミナルで動作する環境も自動化の対象となります。ホストコンピューターの操作や仮想マシンなどを使う処理も、自動化の対象となります。

●同じ作業が別々のアプリで発生する重複作業
例えば、取引先から届いた発注書を元に、業務アプリに発注情報を入力しつつ、さらにWordで契約書を作成するなど、同じような作業を別々のアプリで実行する場合もRPAの出番です。人間の場合、別々に必要な2つの作業をRPAなら、ほぼ同時に処理することができます。

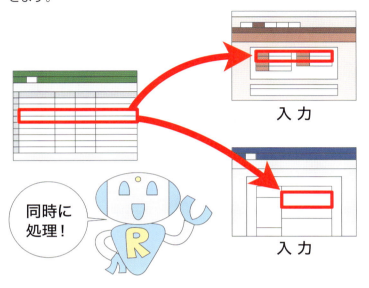

●データ集計や情報収集
株価や商品の実売価格などをインターネット上のサービスから収集したり、業務アプリの集計結果を取得したりすることもRPAで自動化しやすい作業です。集めたデータを別のアプリに入力したり、メールに添付して送信したりするといったこともできるので、上司や他部門への報告にも活用できます。

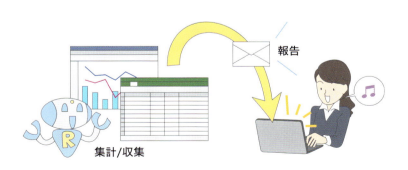

HINT! システム開発と違ってコストや手間を抑えられる

例えば、作業の自動化はシステム開発によっても実現できますが、RPAは従来のシステム開発と違って、低コストで始めることができるうえ、自動化したい作業を担当している担当者自らがロボットを開発することもできます。予算が少ない場合でも導入を検討できるうえ、従来はシステム開発の対象にしにくかった担当者レベルの作業も自動化できます。

HINT! AI連携で複雑な処理もできる

UiPathは、GoogleやIBM、マイクロソフトなどが提供しているAI機能（コグニティブサービス）と連携させることもできます。例えば、履歴書から読み取った内容をAIで処理して、自動的に一定の評価ができるようにすることなどができます。旧来のコンピューターシステムでは判断が難しかった処理も自動化できるようになっています。

Point
RPAで仕事が変わる会社も変わる

RPAは、業務の効率化やコスト削減に大きく貢献しますが、旧来の「仕事」の概念を変えることができるのも大きなメリットです。単純作業をロボットに任せ、人間が本当に時間を費やすべき、クリエイティブな作業に時間を使うことができます。これにより、新たな事業を創出することなどができれば、会社そのものも大きく変わることになります。働き方だけでなく、企業そのものの改革のためにもRPAを活用してみましょう。

レッスン 2

UiPathを始めよう

UiPathの概要とインストール

RPAを導入するにはどうすればいいのでしょうか？　ここでは、RPA製品の代表となるUiPathの概要と、その導入方法を解説します。

■ UiPathとは

UiPathは、世界的に多くの導入実績を持つRPA業界のリーダーです。2017年の日本法人設立以降、国内企業でも急速に採用が進んでおり、各業界から高い評価を受けています。UiPathの特徴は、何といっても、その扱いやすさにあります。直感的な操作が特徴の「UiPath Studio」を使って、初めてでも簡単にアプリの操作やデータ入力を自動化できるだけでなく、「UiPath Orchestrator」を使って社内のロボット処理を一元管理できます。

すぐに試せる

UiPathは、無料ですぐに試すことができます。次ページで紹介する無料のCommunityエディションや、60日間試用できるエンタープライズ用評価版をダウンロードして、今の環境に導入することができます。特別な準備をしたり、予算を計上したりしなくても、すぐに始めることができます。

小規模から大規模までカバーできる

UiPathは、スモールスタートで使い始め、その後、徐々に規模を拡大することができます。利用者が数人程度の小規模な環境では無料のCommunityエディションを利用し、台数が増えてきたら有償ライセンスに移行できます。さらに大規模な環境では、UiPath Orchestratorを使うことで、数十から数百のロボットが稼働する環境を一元管理できます。

UiPath Orchestratorで何ができるの？

UiPath Orchestratorは、社内で動作するロボットをネットワーク経由で一元管理するためのツールです。パソコンにロボットを展開したり、稼働中のロボットの状況を把握したり、ログを記録・分析することなどができます。

UiPathとほかのRPAとの違いとは

UiPathは、ほかのRPA製品と比べて以下の5つの点で優れています。

●多くのアプリに対応
SalesforceやSAPなどの業務アプリ、ホストコンピューターのターミナルで動作するアプリなど、幅広い環境の自動化に対応できます。

●使いやすさ
直感的な操作ができるUiPath Studioが提供され、レコーディングによるノンプログラミングでの自動化にも対応します。

●スケーラビリティ
1台から低コストで導入できるだけでなく、UiPath Orchestratorを使って大規模な環境でも利用可能です。

●高い拡張性
さまざまなブラウザーに対応したり、AIに対応したりするなど高い拡張性を有しています。

●安心して使える
日本法人があり、日本語でのサポートも受けられます。動画での自習もできます。

UiPathのライセンスを確認しよう

UiPathには、用途の異なる3種類のライセンスが用意されています。有償ライセンスを購入する前に、トライアルライセンスで機能を試してみるといいでしょう。トライアルライセンスには利用できる環境の違いに合わせて2つの種類があります。

●有償ライセンス
商用目的で利用できるライセンスです。有償となりますが、すべての機能と充実したサポートを受けることができます。

●エンタープライズ用評価版
すべての機能を試すことができるライセンスです。利用期間が限られており（60日間）、サポートは受けられません。

●Communityエディション
個人ユーザーや一定の条件を満たす組織なら、無償で利用できるライセンスです。管理機能に制限があり、サポートも受けられません。

Communityエディションを使える条件とは

（a）250台以上の端末数（物理または仮想マシン）またはユーザー数、もしくは（b）年間売上で500万米ドルを超える金額（または他の通貨で同等の金額）のいずれかを有する組織（エンタープライズ）は、Commtunityエディションを評価とトレーニングの目的でのみ利用できます。上記のいずれの条件も満たさない組織（その他の法人）では、UiPath Studio Communityエディションを最大5台まで利用できますが、UiPath Orchestrator Communityエディションの利用は評価とトレーニングの目的のみとなります。詳しくは下のWebページを参照してください。

▼エディションの違い
https://www.uipath.com/ja/free-trial-or-community

Communityエディションの質問はフォーラムで

Communityエディションの使い方に迷ったときは、ほかのユーザーにフォーラムで質問してみるといいでしょう。日本語のフォーラムも用意されているので、気軽に質問することができます。

▼フォーラム
https://forum.uipath.com/c/japan

●ライセンスの違い

	有償ライセンス	トライアルライセンス	
		エンタープライズ用評価版	Communityエディション
費用	有償	無償	無償
対象	エンタープライズ	エンタープライズ	個人／その他の法人
利用期限	なし	60日間	なし（60日ごとにアクティベーションが必要）

次のページに続く

エンタープライズ用評価版のダウンロード

UiPathは無料で試すことができます。ここでは、一般企業向けの「エンタープライズ用評価版」をダウンロードする方法を紹介します。

1 UiPathのWebページを表示する

| 1 右記のWebページにアクセス | ▼UiPath
https://www.uipath.com/ja/ | 2 ［トライアルの開始］をクリック |

2 エディションを選択する

| エディションの種類が表示された | ここでは、エンタープライズ用評価版を選択する |

1 ［無償で商用トライアルを始める］をクリック

3 ユーザー情報を入力する

| 1 ユーザー情報を入力 | 2 ［体験版のリクエスト］をクリック |

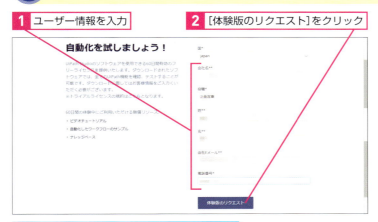

登録したメールアドレスに、ダウンロード用のURLが記載されたメールが届く

 Communityエディションをダウンロードするには

個人向けの「Communityエディション」は、手順2で、［COMMUNITYエディションを使用する］をクリックするか、以下のWebページからダウンロードできます。

▼Communityエディションの紹介
https://www.uipath.com/ja/community

 体験版は60日利用可能

エンタープライズ用評価版は、60日間の試用が可能です。ただし、同じ組織（メールアドレスのドメイン名で判断）で複数の人が体験版の申し込みをした場合、最初の登録から60日間となるため、60日より早く期限が訪れたり、すでに期限が切れている可能性があります。試用期限が過ぎたときは、試用期間の延長を依頼するか、UiPathのパートナー企業などからライセンスを購入しましょう。

 メールにアクティベーションコードが見当たらないときは

メールにアクティベーションコードが見当たらないときや体験版の期限が切れてしまったときは、UiPathのカスタマーサポートに問い合わせてみましょう。

▼カスタマーサポート
https://www.uipath.com/ja/customer-support

UiPathのインストール

ダウンロードしたエンタープライズ用評価版をインストールしましょう。自動化を試してみたいパソコンにインストールします。

1 ダウンロード用のメールを確認する

メールアプリを起動し、UiPathから届いたメールを表示しておく

1 アクティベーションのコードを確認

2 [UiPath Studioのダウンロード]をクリック

2 インストーラーをダウンロードする

ダウンロードした実行ファイルに関する確認の画面が表示された

1 [保存]をクリック

2 [フォルダーを開く]をクリック

3 インストールを開始する

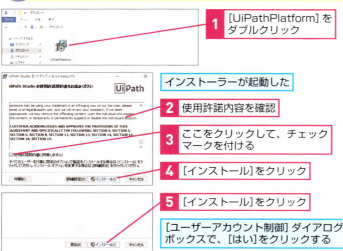

1 [UiPathPlatform]をダブルクリック

インストーラーが起動した

2 使用許諾内容を確認

3 ここをクリックして、チェックマークを付ける

4 [インストール]をクリック

5 [インストール]をクリック

[ユーザーアカウント制御]ダイアログボックスで、[はい]をクリックする

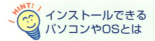 **インストールできるパソコンやOSとは**

UiPath Studioは以下の環境でインストールできます。

・ハードウェア
CPU 1.4GHz（推奨デュアルコア1.8GHz）
RAM 4GB
※1024×768以下の解像度のモニターは未サポート。詳しくは「https://studio.uipath.com/lang-ja/docs/hardware-requirements」を参照

・ソフトウェア
Windows 7/8.1/10
Windows Server 2008 R2/2012 R2/2016
※.NET Framework 4.5.2以上が必要。詳しくは「https://studio.uipath.com/lang-ja/docs/software-requirements」を参照

 Communityエディションの場合は

Communityエディションの場合、ダウンロードしたファイル名が「UiPath StudioSetup.exe」となります。[ダウンロード]フォルダーから同様にインストーラーを起動してインストールしましょう。

 3つのソフトウェアがインストールされる

エンタープライズ用評価版をインストールすると、ロボットの動作をデザインする「UiPath Studio」、実際に作業を自動化する「UiPath Robot」、そしてロボットを一元管理する「UiPath Orchestrator」の3つをインストールできます。

次のページに続く

④ インストールを終了する

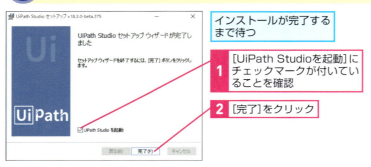

インストールが完了するまで待つ

1 [UiPath Studioを起動]にチェックマークが付いていることを確認

2 [完了]をクリック

UiPath Studioのアクティベーション

インストール後、UiPath Studioのアクティベーション画面が表示されます。メールで受け取ったアクティベーションコードを入力しましょう。

① ライセンスのアクティベーションを開始する

UiPath Studioが起動し、ライセンスの選択画面が表示された

1 [ライセンスをアクティベート]をクリック

② アクティベーションを実行する

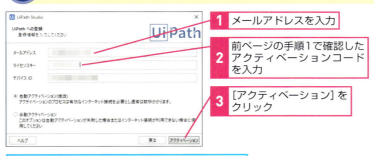

1 メールアドレスを入力

2 前ページの手順1で確認したアクティベーションコードを入力

3 [アクティベーション]をクリック

Webブラウザーが起動し、アクティベーションが完了したことを示すメッセージが表示される

 Communityエディションを使うときは

Communityエディションの場合は、手順1の画面で［無料で開始］をクリックします。

 メールアドレスは何を指定すればいいの？

手順2のアクティベーション画面では、ユーザー情報の入力時に指定したメールアドレス（16ページ参照）を入力しましょう。

 アクティベーションコードは10台まで使える

メールで送られてきたアクティベーションコードは、10台まで利用できます。ほかのパソコンにインストールするときも、同じコードを使いましょう。Communityエディションではアクティベーションコードは入力しません。

 ライセンスを無効化するには

ライセンスは、インストールしたパソコンと関連付けられています。別のパソコンにライセンスを移行したいときは、古いパソコンのライセンスを無効化しましょう。詳しくは、以下のWebページを参照してください。

▼ライセンスを無効化する方法
https://forum.uipath.com/t/topic/12461

アクティベーションできないときは

インターネットに接続できないパソコンなど、アクティベーションできないときはカスタマーサポートに問い合わせてみましょう。下のURLから［サービスリクエスト（ご契約検討中のお客様）］を選び、トピックで［Activation］を選択して送信しましょう。

▼カスタマーサポート
https://www.uipath.com/ja/customer-support

UiPath Studioの起動

UiPath Studioを起動して、プロジェクトを作成しましょう。プロジェクトは、ロボットを動かすための一連の流れを定義したプロセスや動作に必要なファイルなどをひとまとめにしたものです。

UiPath Studioを起動する

前ページから引き続き操作するときは、手順2へ進む

1 [スタート]をクリック
2 [UiPath Studio]をクリック

プロジェクトを作成する

UiPath Studioが起動した　1 [プロセス]をクリック

プロジェクトに名前を付ける

[新しいプロセス] ダイアログボックスが表示された

1 プロジェクト名を入力
2 [作成]をクリック

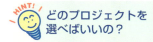
どのプロジェクトを選べばいいの?

手順2では、通常、[プロセス]を選んで作業を始めますが、ほかにもあらかじめ定義されたひな型を使って作業を始めることもできます。

- ライブラリ
  作成した複数のプロジェクトを再利用可能なライブラリにする
- トランザクションプロセス
  情報の流れを図式化した自動化処理を作成できる
- エージェントプロセス改善
  人の操作が介在する自動化処理を作成できる
- Robotic Enterprise Framework
  大規模な展開に適した自動化処理を作成できる

プロジェクトのデータはどこに保存されるの?

データは、標準では[ドキュメント]フォルダー配下の[UiPath]フォルダーにプロジェクトごとに保存されます。保存先を変更したいときは、手順3で場所の欄を指定します。

Point

手軽に始められる

UiPathは、「試してみたい」と思ったときに、すぐに始めることができます。このレッスンで紹介したように、必要な作業は、簡単な登録とインストールだけです。誰でも手軽に導入できるので、試してみましょう。なお、本書では、この後のレッスンでエンタープライズ用評価版を使うことを前提に説明をしますが、Communityエディションでも同様に操作できます。

レッスン 3

UiPath Studioの画面を確認しよう

UiPathの基本となるUiPath Studioの使い方をマスターしましょう。まずは、操作画面の名前や役割を覚えることから始めましょう。

UiPath Studioの画面構成

UiPath Studioの画面

UiPath Studioは、自動化したい処理を記述するために使うツールです。Windowsの一般的なアプリケーションと同様のユーザーインターフェースを備えているため、初めてでも迷うことなく使えます。まずは、［アクティビティ］パネルと［デザイナー］パネル、［プロパティ］パネルのよく使う3つの画面の名前と役割を確認しましょう。

初期状態では［デザイナー］パネルが空

ここでは、［デザイナー］パネルに処理が記述されている状態の画面を示していますが、［プロセス］を新規で作成した場合、初期状態では何も記述されません。

［出力］パネルって何？

左下の［出力］パネルは各種メッセージが表示される部分です。クリックすることで展開できます。初期状態では何も表示されていませんが、エラーメッセージなどが表示されたり、処理の中で変数の値を一時的に確認したりしたいときに、ここに出力して値を確認することなどができます。

◆リボン
◆［出力］パネル
◆［アクティビティ］パネル
◆［変数］パネル／［引数］パネル／［インポート］パネル
◆［デザイナー］パネル
◆［プロパティ］パネル
◆［概要］パネル

● ［アクティビティ］パネル

UiPath Studioでは、自動化で利用するさまざまな部品を「アクティビティ」と呼びます。例えば、画面に文字を入力する「文字を入力」などのアクティビティがあります。こうしたアクティビティの一覧が表示されるのが［アクティビティ］パネルです。標準では、画面左側に［プロジェクト］が表示されているので、画面下のタブで切り替えて表示します。

タブを切り替えて表示する

変数とは

UiPath Studioでは、処理の中で使う「変数」を定義できます。変数とは、値や文字列などを一時的に保管するための箱のようなものです。例えば、「counter」という変数を作成し、そこに「1」や「2」といった値を入れて、繰り返した処理の回数を数えるといった使い方をします。変数は、［デザイナー］パネルの下にある［変数］をクリックすることで、新たに設定したり、設定済みの変数を変更したりできます。

● ［デザイナー］パネル

［デザイナー］パネルは、ロボットに処理させたい手順を定義する画面です。アクティビティを並べたり、つなげたりすることで、処理の順番や分岐などで定義します。UiPath Studioでの作業の中心は、［デザイナー］パネルの操作となります。

［概要］パネルって何？

［概要］パネルでは、処理の「階層」を確認できます。UiPath Studioでは、処理の中に処理を配置するといったように、処理が階層的に構成されます。［デザイナー］パネルで選択している処理が、全体のどの階層にあるものなのかを確認したり、特定の処理を編集するために階層からたどって処理を特定するときなどに利用します。

● ［プロパティ］パネル

［プロパティ］パネルは、アクティビティの設定をするための画面です。例えば、画面に文字を入力する「文字を入力」アクティビティで、何を入力するか、どこに入力するかといった情報を指定します。

Point

すべてを今覚えなくてもいい

UiPath Studioには、たくさんの構成要素がありますが、今すぐ、すべての名前や役割を覚える必要はありません。メインとなる［アクティビティ］パネルと［デザイナー］パネル、［プロパティ］パネルに加え、変数を管理する［変数］パネルを覚えておけば、この後のレッスンでさまざまな機能を体験しながら動作を確認できます。

レッスン 4

ワークフローを作るには

フローチャートの追加

作成したプロジェクトに、ロボットに実行させたい一連の処理を記述していきましょう。ここでは、基本となるワークフローの概念について解説します。

シーケンスとフローチャート

ワークフローは、UiPath Studioに用意されているアクティビティを処理させたい順番に並べたものです。用途の違いによって「シーケンス」と「フローチャート」の2種類があるので、それぞれの特徴を確認しておきましょう。

●シーケンス

シーケンスは、複数のアクティビティを直線的に処理するワークフローです。「Aの処理の後にBをしてCをする」といったように、分岐することなく、一直線に進む処理を記述するときに使います。

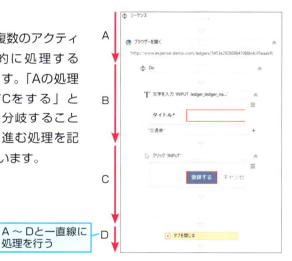

A〜Dと一直線に処理を行う

単純な処理はどちらでもOK

本書では、最初にフローチャートでワークフローを作成する方法を解説し（レッスン⑤）、続いてシーケンスでワークフローを作成する方法を解説します（レッスン⑧以降）。ただし、レッスン⑤の処理は、分岐などの複雑な処理は使っていないので、シーケンスでも作成することができます。単純な処理の場合、どちらを使っても同じことができます。

組み合わせて利用する

シーケンスとフローチャートは、実際には組み合わせて利用します。例えば、フローチャートで分岐するそれぞれの処理の中身がシーケンスとなる場合もあります。また、これとは逆にシーケンスの特定の処理の中に、フローチャートを登録することもできます。

●フローチャート

フローチャートは、より複雑な処理を記述したいときに使うワークフローです。条件によって途中で処理が分岐したり、前の処理に戻したりすることができます。

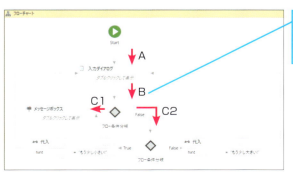

BからC1またはC2へ分岐したりと、複雑な流れで処理する

ワークフローって何？

ワークフローは、ロボットに指示を伝えるための指示書のようなものです。UiPath Studioで作成し、それをロボットに伝えることで、実際の業務を自動化します（14ページの図を参照）。

フローチャートの追加

最初のプロジェクトとして、フローチャートで処理を作成してみましょう。[アクティビティ]パネルから[フローチャート]を選択して、[デザイナー]パネルにドラッグします。

1 アクティビティの検索を開始する

レッスン❷を参考に、UiPath Studioを起動しておく

1 画面左下の[アクティビティ]をクリック

2 フローチャートを検索する

1 検索ボックスをクリック

2 「フローチャート」と入力

入力途中で候補が表示される

3 アクティビティを追加する

1 [フローチャート]をクリック
2 [Main]のスペースへドラッグ

[フローチャート]が追加された

 よく使うアクティビティは[お気に入り]に登録しよう

手順2の画面で、[フローチャート]を右クリックして[お気に入りに追加]を選択すると、[アクティビティ]パネルの[お気に入り]に[フローチャート]を登録できます。よく使うアクティビティを登録しておくと、わざわざアクティビティを検索する手間が省けます。

1 [フローチャート]を右クリック

2 [お気に入りに追加]をクリック

 ダブルクリックでも登録できる

手順3ではアクティビティをドラッグしましたが、ダブルクリックしても[デザイナー]パネルに配置できます。

 シーケンスを登録するには

シーケンスも同様に[アクティビティ]パネルから[デザイナー]パネルにドラッグして登録します。詳しくは、レッスン❽以降を参照してください。

Point

まずは入れ物を用意する

シーケンスやフローチャートは、いわばアクティビティを格納するための入れ物です。最初のステップは、この入れ物を用意することなので、シーケンスまたはフローチャートを[デザイナー]パネルに配置することから始めましょう。シンプルな処理ならどちらを使っても問題ありませんが、このレッスンでは、フローチャートの追加方法を紹介しています。

レッスン 5

操作をレコーディングしてワークフローを作るには

操作のレコーディング

初めてワークフローを作成するときは、レコーディング機能を活用すると便利です。フローチャートの中に記録する処理を自動的に登録してみましょう。

レコーディングの開始

レコーディングは、マウスやキーボードの操作を記録し、自動的に自動化処理を作成できる機能です。レコーディングを開始後、ロボットに操作させたい処理を自分が実行するだけでいいので、どのようなアクティビティをどう使えばいいのかが分からない場合でも、処理の自動化に挑戦できます。

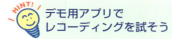

HINT! デモ用アプリでレコーディングを試そう

本書で紹介する操作に使っているデモアプリは、下のアドレスからアクセスできます。実際に紙面を見ながら、同じ操作を体験するときに活用しましょう。

▼UiPath Demo
http://www.expense-demo.com/

1 ウェブのレコーディングを開始する

レッスン❹を参考に、[フローチャート]を設定しておく

1 [レコーディング]をクリック

2 [ウェブ]をクリック

HINT! ログイン画面があるアプリを操作するときは

本書で使うデモアプリは、アクセス後、すぐに利用できますが、アプリによってはユーザーIDやパスワードを指定してログインする必要があります。こうしたアプリの処理を自動化する際は、各欄をクリックして、ユーザーIDやパスワードを入力しましょう。入力時に[パスワード入力]にチェックマークを付けると、ユーザーIDやパスワードなどの重要な情報を暗号化した状態で、安全に保管できます。

2 [ウェブレコーディング]のツールバーが表示された

レコーディングを保存して終了する

記録を開始する

画面上の要素に対して各種操作を行う

テキストボックスに対して各種操作を行う

画像に対して各種操作を行う

ブラウザーを開く/タブを閉じる/ブラウザーを閉じる

クリックする/対象を選択する/チェックを付ける

文字を入力する/ホットキーを押下する

テキストをコピーする/データをスクレイプする

ユーザーIDやパスワードの入力も自動化できる

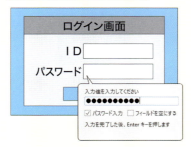

Webアプリの操作の記録

❶ Webアプリのページを表示する

| Webブラウザーを起動し、下記のWebページを表示しておく | ここでは、Internet Explorerを利用する |

▼UiPath Demo
http://www.expense-demo.com/

❷ ブラウザーを開く動作を記録する

1 [ブラウザーを開く]の▼をクリック
2 [ウェブページを開き、レコーディングを開始]をクリック

❸ 表示するWebアプリのページを指定する

| 手順1で表示したページの色が変わった | 1 ページの任意の場所をクリック |

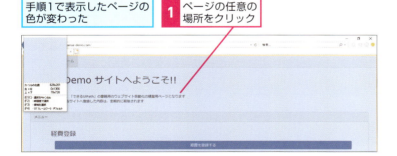

2 URLを確認　3 [OK]をクリック

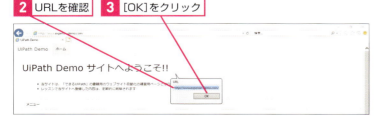

ブラウザーを起動し、Webアプリのページを表示する操作が記録された

HINT! 自動化をサポートしているブラウザー

UiPath Studioは、Internet Explorerだけでなく、ChromeやFirefoxでの操作にも対応しています（ChromeやFirefoxは拡張機能のインストールが必要）。

▼拡張機能のインストール（Chrome）
https://studio.uipath.com/lang-ja/v2018.3/docs/installing-the-chrome-extension

▼拡張機能のインストール（Firefox）
https://studio.uipath.com/lang-ja/v2018.3/docs/installing-the-firefox-extension

HINT! 4種類のレコーディングを使い分けよう

レコーディングには、［ベーシック］［デスクトップ］［ウェブ］［Citrix］の4種類があります。［ベーシック］はいろいろなアプリに使える汎用的な方法で、［デスクトップ］はデスクトップアプリ、［ウェブ］はブラウザーで動作するWebアプリを記録するときに指定します。最後の［Citrix］は仮想環境やターミナルの操作を記録するときに使います。

次のページに続く

④ Webアプリ操作のレコーディングを開始する

続けて、データの入力操作を記録していく

1 [レコーディング] をクリック

⑤ クリック操作を記録する

前ページの手順1で表示した、Webアプリの画面を操作する

1 [経費を登録する] をクリック

⑥ 次のクリック操作を記録する

1 [明細を登録する]をクリック

⑦ 文字の入力操作を記録する

1 [タイトル]のボックスをクリック　2 「宿泊費」と入力

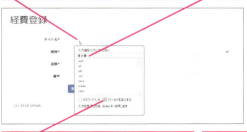

3 [フィールドを空にする]をクリックしてチェックマークを付ける
4 Enterキーを押す

[フィールドを空にする]って何？

手順7では、入力する値を指定すると同時に、[フィールドを空にする]にチェックマークを付けています。これは、入力する前に入力欄の値をクリアする処理です。入力欄に標準で何か値が入力されている場合でもクリアしてから、指定した値を入力できます。

指定できないボタンがあるときは

実際に業務で使っているアプリをレコーディングする場合、アプリによっては（Flashで作成されたアプリなど）、画面内のボタンが正確に認識できないことがあります。このような場合は、手順4で[画像]を指定してレコーディングしてみましょう。[画像]では、画面上のボタンを画像として認識するため、特殊なアプリの自動化にも対応できます。

デモアプリには何を入力すればいいの？

ここでは、経費精算処理を想定したデモアプリを利用していますが、重要なのはレコーディングの動作を学ぶことなので、実際の項目には何を入力しても構いません。「交通費」など一般的なものを入力して試してみましょう。

⑧ 種別の選択操作を記録する

続けて、種別を選択する操作を記録していく

1 [種別]のボックスをクリック
2 [仮払]をクリック
3 [OK]をクリック

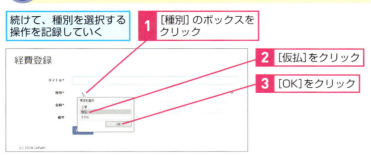

⑨ 金額の入力操作を記録する

1 [金額]のボックスをクリック
2 「8000」と半角で入力
3 [フィールドを空にする]をクリックしてチェックマークを付ける
4 Enterキーを押す

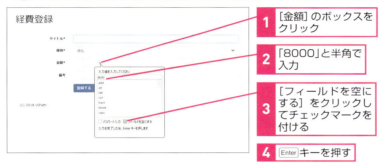

⑩ 記録を終了する

1 [登録する]をクリック
2 Escキーを押す

操作の記録が終了した

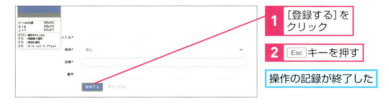

⑪ 操作の記録を保存して終了する

1 [保存&終了]をクリック

ここまでの操作がフローチャートに保存された

UiPath Studioの操作画面の左上にある[保存]をクリックして、プロジェクトを保存しておく

💡HINT! 連続で操作しなくても大丈夫

レコーディング中にEscキーを押すと、操作の記録を一時的に中断できます。このため、レコーディングを開始後、連続でアプリを操作する必要はありません。Escキーを押して中断しながら記録しても、前に記録した操作はきちんと記憶されているので、最後に保存をしたときに、それまでの一連の処理が連続で記録されます。

💡HINT! クリックしたときのみ表示されるメニューの操作

アプリのメニューなど、クリックしたときのみ表示される項目の操作を記録したいときはF2キーを押して、レコーディングを中断させます。レコーディング中断中の操作は記録されないため、この間にメニューを表示しておき、記録が再開されたら、表示されたメニューの項目をクリックして、その操作を記録します。

F2キーを押すと、ここに表示された秒数(3秒間)の間、操作記録モードから一時的に抜け出し、ウインドウの切り替えなど、ほかの操作を行うこともできる

Point 1つもアクティビティを知らなくても使える

UiPath Studioを使いこなすには、さまざまなアクティビティを使いこなす必要がありますが、レコーディングを使えば、極端な話「アクティビティって何?」という人でも、簡単にアプリの操作を自動化できます。自動化したい処理を実際に画面上で実行すれば、それが記録され、適切なアクティビティを使った処理として配置されます。まずは、レコーディングから始めてみましょう。

レッスン 6

レコーディングした操作を実行するには

プロジェクトの実行

レコーディングした操作を実際に動かしてみましょう。UiPath Studioでワークフローを実行すると、記録した通りにアプリ操作が再現されます。

プロジェクトの実行

作成したワークフローの実行方法はいくつかありますが、ここではUiPath Studioから実行します。ツールバーの［実行］ボタンをクリックして処理を開始しましょう。

1 フローチャートの接続を開始する

レッスン⑤で記録したフローチャートを表示しておく

レッスン⑤で表示したWebアプリが起動しているときは閉じておく

1 ［Start］にマウスポインターを合わせる

上下左右にグレーの四角が表示された

2 フローチャートに接続する

1 グレーの四角をクリックしたまま、［ウェブ］までドラッグ

2 ［ウェブ］の上部に表示された四角の上でドロップ

矢印が表示され、フローチャートに接続できた

フローチャートは［Start］につなげる

フローチャートの場合は、作成した処理を［Start］につなぐ必要があります。［Start］につながれてない処理は、［デザイナー］パネル上に存在していたとしても、実行されないので注意しましょう。

テストしながら実行できる

フローチャートの特性を活用すると、UiPath Studioの動作を検証しながら学習できます。例えば、同じ処理をレコーディングと手動でアクティビティを配置する方法の2通りで作成しておき、実行するときに、それぞれをつなぎ替えるようにすれば、プロジェクトを開き直すことなく、2つの処理の動作の違いを比べることなどができます。

［ウェブ］って何？

手順2で表示される［ウェブ］は、前のレッスンで実行したレコーディングによって作成されたシーケンスです。ダブルクリックすると、実際にレコーディングされた処理の内容を確認できます。また、ドラッグすることで場所を変更できます。

デモアプリを閉じておこう

デモアプリが表示されたブラウザーが起動しているときは、ワークフローを実行する前に閉じておきましょう。

テクニック 思い通りに動かないときは

ワークフローを実行してもアプリが起動しなかったり、アプリのボタンなどをうまく操作できないときは、処理内容に何らかの問題がある可能性があります。このような場合は、[実行] タブにある [ステップイン] ボタンをクリックして、処理を1つずつ実行してみましょう。どこでトラブルが発生しているのかを見極めるのに役立ちます。

3 ワークフローを実行する

レッスン⑤で記録したワークフローを実行する

[実行] をクリック

4 自動的にアプリへの操作が実行される

ブラウザーが起動し、デモのWebアプリに新しい取引が自動的に入力された

HINT! 階層構造になっている

UiPath Studioでは、アクティビティが階層構造で管理されます。例えば、前のレッスンで作成したレコーディングは、「Main」の中に「フローチャート」が配置されており、その「フローチャート」の中に「ウェブ」があり、さらに「ウェブ」の中にレコーディングされた内容が記述されています。階層構造は、[デザイナー] パネルの左上にある表示やUiPath Studioの右下にあるパネルを使って、確認したり、移動したりできます。

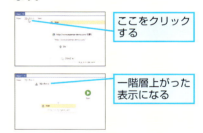

ここをクリックする

一階層上がった表示になる

Point

ロボットが代わりに操作する

[実行] ボタンをクリックすると、ワークフローとして記述した処理内容が、UiPathのRobotモジュールによって実行されます。作成した [ウェブ] には、ブラウザーを開いたり、特定のボタンをクリックしたりする操作が、1つずつ記録されていますが、こうした処理をロボットが解釈して、同じ操作を再現します。こうしてUiPathでは、パソコン上のさまざまな処理を自動化できるわけです。

レッスン 7

レコーディングした操作を編集するには
記録した操作の編集

レコーディングは便利ですが、そのままでは、まったく同じ操作しか繰り返せません。内容を編集して、ほかの処理にも応用できるようにしましょう。

入力した値の変更

ここでは、例として入力する値を変更します。経費のタイトルとして入力していた「宿泊費」という項目名を「貸会議室」に変えてみましょう。

1 [ウェブ] の詳細を表示する

レッスン❺で作成・保存したプロジェクトを表示しておく

Webアプリが起動しているときは、閉じておく

1 [ウェブ]をダブルクリック

2 [ウェブ] の詳細が表示された

記録された操作の詳細が表示された

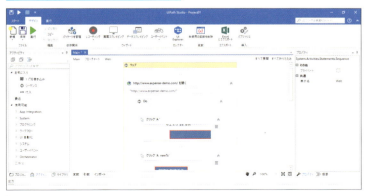

 元の画面に戻るには

[デザイナー] パネルの左上には、現在、開いている階層が表示されています。手順2の画面から手順1の画面に戻りたいときは、[Main] をクリックしましょう。同様に、右下の [概要] パネルからもほかの階層に移動できます。

 すべての処理を編集できる

ここではレコーディングで作成した処理を編集しましたが、同様に手動で作成した処理も編集できます。

 文字列は「" "」で囲む

入力する値を指定する際、文字列を指定するときは、必ず「" "（ダブルクォーテーション）」で囲む必要があります。「" "」を省くと関数と間違って認識されるなど、うまく実行できなくなることがあるので注意しましょう。

 プロパティからも変更できる

入力する内容は、画面右側にある [プロパティ] パネルでも変更できます。下の画面のように [入力] にある [テキスト] の部分を変更しても構いません。

テクニック 2種類のセレクターの違いを確認しよう

UiPathでは、画面上のインターフェースを認識するために、操作対象のウィンドウやボタンなどを「セレクター」と呼ばれる文字列で指定します。セレクターはUiPath Studioでボタンなどを指定した際に自動的に生成されますが、「全体セレクター」と「部分セレクター」の2種類があり、その違いを理解していないと想定外の動作の原因となります。例えば、部分セレクターで記述されている処理に続けて、別のアクティビティを追加したときに、トップレベルウィンドウの要素がセレクターに見当たらず、操作対象のアプリを特定できなくなる場合があります。

●全体セレクター
トップレベルウィンドウを含むUI要素の識別に必要な情報がすべて含まれます。ベーシックレコーダーによって生成されます。複数ウィンドウを切り替える場合におすすめです。

トップレベルウィンドウの情報が含まれる

●部分セレクター
トップレベルウィンドウを指すセレクターの情報は「ブラウザーにアタッチ」などのセレクターが持っています。デスクトップレコーダーによって作成され、「ブラウザーにアタッチ」や「ウィンドウにアタッチ」で囲まれます。同じウィンドウで複数のアクションを実行する際におすすめです。

操作対象（ボタン名など）のみが指定される

ウィンドウの情報は「ブラウザーにアタッチ」など上位階層で指定されるためグレーアウトしている

③ タイトルに入力する文字を変更する

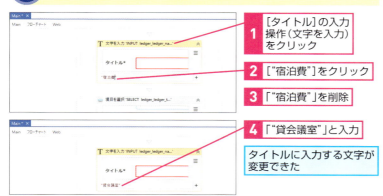

1. [タイトル]の入力操作（文字を入力）をクリック
2. ["宿泊費"]をクリック
3. 「"宿泊費"」を削除
4. 「"貸会議室"」と入力

タイトルに入力する文字が変更できた

Point
レコーディングを編集して思い通りの処理を作る

UiPath Studioの操作に慣れていないときは、レコーディングで操作を記録し、その内容を編集することで、思い通りの処理を実行させるようにするといいでしょう。レコーディングを使うことで、どのような操作に対して、どのアクティビティを使うのかが分かるうえ、入力する値をどのように指定すればいいのかといった基本的な考え方を学べます。ここでは値を変えただけですが、いろいろな部分を変更しながら実行し、どう変わるのかを確認してみましょう。

④ 動作を確認して保存する

1. [実行]をクリック

問題なく動作するかを確認したら、[保存]をクリックしてプロジェクトを保存しておく

レッスン 8

経費入力業務を分析し、自動化してみよう

経理業務の自動化

普段の業務を想定した本格的な自動化に挑戦してみましょう。手動でワークフローを作成していきますが、まずは全体像を把握することが大切です。

現在の業務を分析しよう

普段の業務を自動化するときは、どのアプリを使って、どのデータをどう処理するか？ といった業務手順の細かな分析が必要です。例えば、本書で例として取り上げる経費精算処理は、以下のような流れとなります。

HINT! 普段の仕事を記録してみよう

作業の流れがイメージしにくいときは、実際に業務をしながら、その操作をメモするといいでしょう。クリックなどの操作だけでなく、作業中に人間が判断した内容（例えば、金額のチェックや取引先の確認）もメモすると、自動化の際に、処理としてどう追加すればいいかを判断する材料になります。

HINT! 効果を測定したいときは時間を計測しておこう

UiPath導入の効果を報告しなければならないときは、処理にかかった時間を計測しておくと便利です。「人間の場合は何分で、ロボットで自動化すると何秒」といったように比較できるようにしておくと、導入のための予算を確保しやすくなったり、導入後の成果を報告しやすくなります。

作業の流れを洗い出す

Data.xlsxを開く　業務アプリを開く　入力画面を開く

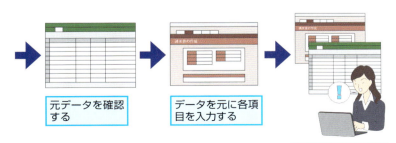

元データを確認する　データを元に各項目を入力する　データを確認する

ここで作成するワークフロー

次のレッスンから、実際にワークフローを作成していきますが、個別の処理だけを見ていると、全体像がつかみにくくなります。下に本書で作成するワークフローの流れを示すので、作業前に確認したり、作業中に今どの処理を作成しているのかを確認したりしながら読み進めましょう。

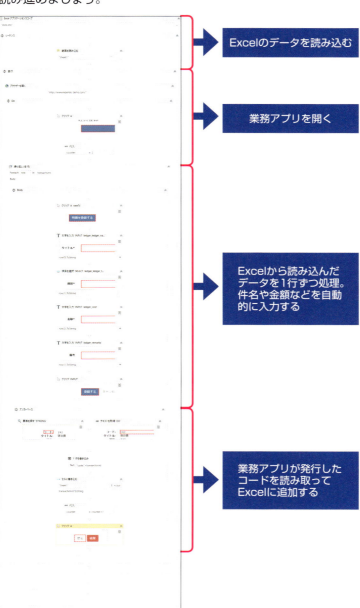

- Excelのデータを読み込む
- 業務アプリを開く
- Excelから読み込んだデータを1行ずつ処理。件名や金額などを自動的に入力する
- 業務アプリが発行したコードを読み取ってExcelに追加する

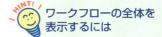

ワークフローの全体を表示するには

ここで示したように、UiPath Studioでは、作成したワークフローの全体像を手軽に表示することができます。[デザイナー]パネルの右上にある[すべて展開]をクリックしてすべての処理を展開表示したり、右下の拡大率を調整して全体を縮小して表示したりできます。ワークフロー作成中に全体像を確認したいときは、これらの方法を活用しましょう。

ワークフローの全体を表示すると、確認に便利

[概要]パネルで指定した部分を表示できる

UiPath Studioの右側にある[概要]タブをクリックすることでも、プロジェクトの全体像を確認できます。左側の三角のアイコンをクリックし、展開してみましょう。各項目をクリックすることで、該当するアクティビティが[デザイナー]パネルに表示されるので、後からワークフローを編集したいときなどに活用すると便利です。

Point
事前の設計が重要 時間をかけて計画しよう

実際の業務を自動化するときは、ワークフローの全体像を把握し、どのアクティビティを使って、どのような順番で処理させるかを事前に設計しておくことが重要です。いきあたりばったりで処理を作成していくと、無駄に処理が複雑化したり、思い通りに処理が動かなくなったりすることがあります。事前にじっくりと時間をかけて計画しましょう。

レッスン 9

ExcelとWebアプリを自動処理するには 1

Excelファイルの読み込み

経費精算処理を自動化してみましょう。ここでは、Excelの表のデータを読み取って、Webアプリに自動的に入力するワークフローを作成します。

シーケンスの追加

ここで自動化する業務は、直線的で分岐がありません。このため、シーケンスを使ってワークフローを作成していきます。

フローチャートでもOK

ここではシーケンスを使ってワークフローを作成しますが、フローチャートを使っても構いません。

1 UiPath Studioを起動する

レッスン❷を参考に、新規プロジェクトを作成しておく

レッスン❹を参考に、[アクティビティ]パネルを表示しておく

1 検索ボックスをクリック

ダブルクリックでも追加できる

アクティビティは、手順3でドラッグする代わりにダブルクリックで追加することもできます。

2 アクティビティを検索する

1 「シーケンス」と入力

入力途中で候補が表示される

Excelファイルをダウンロードしておこう

本書で使うExcelファイルは以下のリンクからダウンロードできます。

▼UiPath Demo
http://www.expense-demo.com/data.xlsx

UiPath Demoのホーム画面にある[サンプルのダウンロード]をクリックしてもいい

3 [シーケンス]を追加する

1 [シーケンス]をクリック

2 [Main]のスペースへドラッグ

[シーケンス]が追加された

Excelファイルの表示

Excelファイルを開くには［Excel アプリケーションスコープ］アクティビティを使います。ファイル名を指定して、入力元のデータがあるファイルを開きましょう。

1 ［Excel アプリケーションスコープ］を追加する

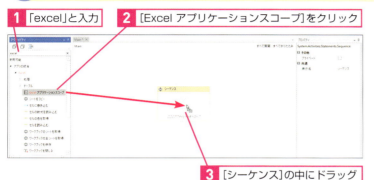

1 「excel」と入力
2 ［Excel アプリケーションスコープ］をクリック
3 ［シーケンス］の中にドラッグ

2 Excelのファイル名を指定する

［Excel アプリケーションスコープ］が追加された

1 テキストボックスをクリック
2 「"data.xlsx"」と入力

ファイル名も「" "」で囲む

ファイル名を指定するときも、「" "（ダブルクォーテーション）」で囲みます。なお、「"d:¥data¥data.xlsx"」のようにパスを含めることもできます。パスを指定しないときは、プロジェクトファイルと同じフォルダーが参照されます。詳しくは、19ページの下のHINT!を参照してください。

ファイルがなければ作成される

手順2で指定したファイルが存在しないときは、新しいファイルが自動的に作成されます。

階層を意識しよう

［デザイナー］パネルでは、ダブルクリックしたアクティビティが、自動的に展開されて表示されるようになっています。このため、アクティビティの中に別のアクティビティを配置するなど、階層が深くなっていくと、全体像を把握しにくくなります。全体を表示したり、別の階層に移動したいときは、左上の［Main］をクリックしたり、右下の［概要］パネルを活用しましょう。

テクニック パッケージをインストールするには

UiPath Studioでは、さまざまなアクティビティがパッケージとして用意されています。［アクティビティ］パネルで目的のアクティビティが見当たらないときは、パッケージがインストールされていない可能性があります。［デザイン］タブの［パッケージを管理］ボタンをクリックして、必要なパッケージをインストールしましょう。

1 ［パッケージを管理］をクリック

次のページに続く

Excelデータの読み込み

Excelからデータを読み込みましょう。[範囲を読み込む]を使うと、指定範囲のデータを読み込んでDataTable型の変数（ここではtransactions）に格納できます。

1 [範囲を読み込む]を追加する

1. 「範囲」と入力
2. [アプリの統合]の[Excel]にある[範囲を読み込む]をクリック
3. [実行]の上にドラッグ

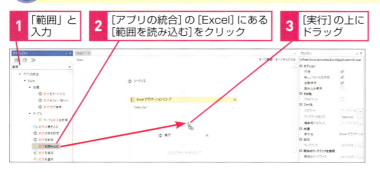

2 読み込み先の変数（transactions）を作成する

[範囲を読み込む]が追加された
同時に[シーケンス]も追加される

1. [データテーブル]のテキストボックスをクリック
2. Ctrl + K キーを押す
3. 「transactions」と入力
4. Enter キーを押す

テクニック 変数を確認してみよう

手順2で定義した変数は、[デザイナー]パネルの下に表示されている[変数]をクリックすることで確認できます。新しい変数を定義したり、既存の変数の変数名や型、スコープ（変数が有効な範囲）などを変更したいときも、この画面を使います。

1. [変数]をクリック

HINT! アクティビティの機能を確認するには

手順1で、アクティビティの上にしばらくの間マウスポインターを合わせると、アクティビティの機能を紹介するメッセージが表示されます。また、下のサイトでアクティビティの使い方を調べることもできます。

▼UiPath Activitiesガイド
https://activities.uipath.com/lang-ja

HINT! 対象のワークシートを変更するには

[範囲を読み込む]では、標準でSheet1のデータを丸ごと読み込みます。もしも、読み込むワークシートを変えたいときは、["Sheet1"]の部分を書き換えます。

HINT! Ctrl + K キーで変数を入力できる

手順2の操作2では、データの格納先を指定する[出力]の[データテーブル]を入力するときに、Ctrl + K キーを押しています。このショートカットキーで、続けて入力する文字列を新しい変数として設定できます。

ブラウザーとデモアプリの起動と表示

続いて、データの入力先となるデモアプリの画面を開きましょう。ブラウザーで画面を開くには［ブラウザーを開く］アクティビティを使います。

 ［ブラウザーを開く］を追加してURLを指定する

前ページの手順1を参考に、［ブラウザーを開く］を［実行］の中に追加する

1 テキストボックスをクリック

ここでは、レッスン❺と同じくデモのWebアプリを表示する

2 ［"http://www.expense-demo.com/"］と入力

ブラウザーを起動し、Webアプリのトップページを表示しておく

 ［クリック］を追加する

手順1を参考に、［クリック］を［Do］の中に追加する

1 ［ブラウザー内に要素を指定］をクリック

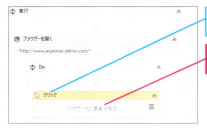

3 Webアプリのクリック先を指定する

Webアプリのトップページが表示された

1 ［経費を登録する］をクリック

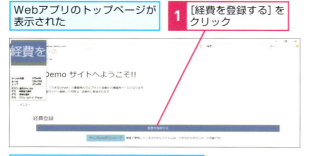

［クリック］に対象のボタンが登録される

💡HINT! ［○○に○○を指定］って何？

手順2のように、アクティビティの中にある［ブラウザー内に要素を指定］のメッセージをクリックすることで、操作対象を実際の画面上で指定できます。この機能により、操作対象となるウィンドウやボタンを識別するための内部的な名前（セレクター）が分からなくても処理対象を指定できます。

💡HINT! DataTable型って何？

ここでExcelから読み取ったデータを保管する変数（transactions）は、DataTable型の変数となっています。DataTable型の変数は、表など、行と列で構成されるデータを格納するための入れ物です。Excelの表のデータがまるごと入っていると考えるとイメージしやすいでしょう。

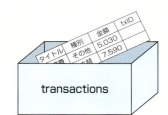

Point
途中で動作をチェックしてみよう

利用するアプリや自動化する処理によっては、UiPath Studioでの作成作業が長くなります。本書の作業も、この後、長く続きますので、まずは、ここまでの動作をチェックしてみましょう。［実行］ボタンでプロジェクトを実行すると、自動的にブラウザーやExcelが起動するはずです。要所要所で動作を確認しながら作業を進めましょう。

レッスン 10

ExcelとWebアプリを自動処理するには 2
Webアプリのデータ入力

ワークフローの続きを作成していきましょう。ここからは、Excelから読み取ったデータをデモアプリに入力する繰り返し処理を中心に作成します。

カウンターの設定

入力する繰り返しの回数を決めるためのカウンターと呼ばれる変数を設定しましょう。この値を次の[繰り返し（各行）]アクティビティの中で1つずつ増やすことで、Excelの行を1つずつ進めながら処理を行うことができます。

1 [代入]を追加する

34ページの手順1～3を参考に、[代入]を[クリック]の下に追加する

2 変数を指定する

[代入]が追加された

1 左のテキストボックスをクリック
2 [Ctrl]+[K]キーを押す

名前の設定: counter

[名前の設定:]が自動で入力された
3 「counter」と入力
4 [Enter]キーを押す

[counter]という変数が設定された

counter = 2

5 右のテキストボックスをクリック
6 「2」と入力

[代入]って何？

[代入]は、変数に値を代入するためのアクティビティです。[A←B]となっていることから分かるように、右辺の値を左辺に代入します。このため、左辺に変数を指定し、右辺に値や計算式を指定します。

変数や数値は「" "」は不要

文字列を指定するときは「" "」で囲む必要がありましたが、変数や数値を指定するときは不要です。間違えて「" "」を含めると文字列として認識されてしまうので注意しましょう。

Excelの見出しに注意しよう

ここでは、カウンターの値を処理対象のExcelの行に相当させる必要がありますが、Excelの表の1行目は見出しとなっています。このため、カウンターの初期値は見出しの1ではなく、実際に値がある2からスタートさせる必要があります。

タイトル	種別	金額	tx ID
交際費	その他	5,030	
宿泊費	立替	7,590	
交際費	仮払	10,980	

→見出しなので入力しない
→counter=2（初期値）
→counter=3
→counter=4

テクニック UI Explorerを活用しよう

ツールバーにある［UI Explorer］ボタンをクリックすると、操作対象のアプリやボタンを識別するためのセレクターを確認したり、セレクターを編集したりできます。［ブラウザー内に要素を指定］や［画面上で指定］でうまく指定できないときは、UI Explorerでセレクターを確認し、必要に応じて編集しましょう。例えば、カレンダーコントロールなどの特定の日付のセレクターを確認することで、日付指定の規則性を判断し、特定の日付を自動的に選択する仕組みを考えたりもできます。

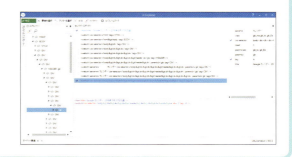

テーブルの値の繰り返し処理

Excelの表には、通常、複数のデータが記録されています。こうしたデータを1行ずつ順番に処理したいとき（もしくは、繰り返し指示を出したいとき）は［繰り返し（各行）］を使います。

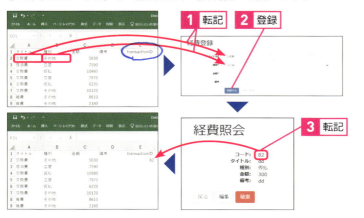

 HINT! アクティビティの階層に注目しよう

手順1で「各」で検索すると、「繰り返し（各行）」と「繰り返し（コレクションの各要素）」が見つかります。似た機能が表示されたときは、アクティビティの親階層に注目します。［繰り返し（各行）］の親階層は［データテーブル］なのでデータを処理するためのものと分かりますが、［繰り返し（コレクションの各要素）］は［コントロール］で汎用的な処理に使うものとなります。

1 ［繰り返し（各行）］を追加する

［繰り返し（各行）］を［代入］の下に追加する

 HINT! 繰り返し処理はいろいろある

繰り返し処理には、［繰り返し（各行）］以外にも、上のHINT!で紹介した［繰り返し（コレクションの各要素）］や［繰り返し（後判定）］などもあります。UiPath Activitiesガイドで、用途や使い方を確認しておくといいでしょう。

▼UiPath Activities ガイド
https://activities.uipath.com/lang-ja

次のページに続く

❷ 操作対象のデータテーブルを指定する

[繰り返し（各行）]が追加された

① 右のテキストボックスをクリック

② 「tra」と入力

36ページの手順2で指定した変数「transactions」が候補として表示された

③ [transactions]をダブルクリック

続けて、ここに繰り返し処理する内容を記述する

「繰り返し（各行）」の処理1：データ入力

「繰り返し（各行）」の中（Body）に処理を追加しましょう。最初の列のデータを「タイトル」、次の列のデータを「種別」、といったように順番にデモアプリに入力するといった処理を行数分繰り返します。

❶ [クリック]を追加する

37ページの手順3の画面で[経費を登録する]をクリックして、[経費一覧]の画面を表示しておく

[クリック]を[Body]の中に追加する

① [ブラウザー内に要素を指定]をクリック

HINT! 画面上に入力するときは[文字を入力]を使う

アプリの入力欄などに、文字や数字を入力したいときは、[文字を入力]というアクティビティを使います。よく使うアクティビティなので、[お気に入り]に登録しておくといいでしょう。

HINT! レコーディングで作成したいときは

もしも、このレッスンと同じ処理をレコーディングで作成したいときは、レッスン❺の手順7と同様にダミーの値を入力してアプリを操作し、レッスン❼を参考にダミーの値を変数に置き換えます。ただし、「繰り返し（各行）」などの処理はレコーディングでは作成できないので、「繰り返し（各行）」のBodyに登録する処理をレコーディングするという形態になります。

HINT! ❗が表示されたら

UiPath Studioでの作業中に、❗のマークが表示されることがあります。これは、入力内容などに不備がある場合に表示されます。変数名や型が違っているなど、何か問題があるので、このマークが表示されたときは注意深く確認してみましょう。

テクニック 「繰り返し（各行）」の処理をイメージしてみよう

「繰り返し（各行）」では、Excelの表のデータを読み込んだDataTable型変数（ここではtransactions変数）の値を順番に処理します。DataTable型変数の値を処理するというと少し分かりづらいかもしれませんが、結果的には右の画面のようにExcelの表を1行ずつ繰り返し処理していると考えるとイメージしやすいでしょう。

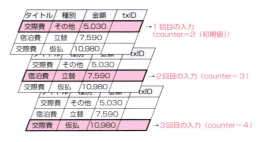

❷ クリックする場所を指定する

Webアプリの画面が表示された

1 [明細を登録する] をクリック

クリックする場所が指定できた

❸ [文字を入力] を追加する

手順2の画面で [明細を登録する] をクリックして、[経費登録] の画面を表示しておく

手順1と同じく、[文字を入力] を [クリック] の下に追加する

1 [ブラウザー内に要素を指定] をクリック

❹ 入力先を指定する

1 [タイトル] のテキストボックスをクリック

❺ タイトルに入力する変数を指定する

クリックする場所が指定できた

Excelファイルに入力されたデータテーブルの最初の列(row(0))の値を、文字型に変換して入力する

1 [row(0).ToString] と入力

「交際費」が入力される

HINT! 「row(0)」と、ゼロからスタートする

DataTable型変数に格納されている値を指定するときは、変数の後に「row(0)」のように()で値の番号を指定します。この値は0からスタートするので、最初の値を指定するときは、「row(0)」と指定します。Excelの表に見出し行があり、かつ「範囲を読み込む」で「ヘッダーの追加」がチェックされているときは（標準でオン）、「(row(0))」と列の番号で指定する代わりに、「(row("タイトル"))」のように見出しで値を指定することもできます。

1回目の入力で「Row（1）」にあたる列では、「その他」が入力される

HINT! 「.ToString」って何？

手順5で指定している「row(0).ToString」は、「row(0)」に格納されているデータを「.ToString」で文字列に変換するという意味です。このように、UiPath Studioでは、格納先の変数の型に合わせて、適宜データを変換する必要があります。

HINT! プルダウンメニューは [項目を選択] を使う

アプリの入力欄の中には、一覧から入力する値を選択するタイプのものもあります。こうした操作を自動化したいときは、[項目を選択] アクティビティを使って指定します。

次のページに続く

⑥ [項目を選択]を追加する

前ページ手順4の画面と同じく[経費登録]の画面を表示しておく

40ページの手順1と同じく、[項目を選択]を[文字を入力]の下に追加する

1 [ブラウザー内に要素を指定]をクリック

デモアプリの選択肢と同じ文字列を指定する

リストボックスから候補を選択する操作を自動化するときは、入力先となるアプリの候補にある選択肢と同じ文字列を[項目を選択]に指定する必要があります。手順8では、入力する値として[row(1).ToString]と、Excelから読み込んだ行データの2列目を指定していますので、その元となるExcelの表に文字列を入力するときに、必ずデモアプリの選択肢と同じ文字列を入力しておきましょう。

Webアプリの画面にある項目名と、Excelの項目名を必ずそろえる

⑦ 選択先を指定する

1 [種別]のテキストボックスをクリック

アプリによっては[画像をクリック]でボタンを指定する

Flashで作成されたアプリなど、通常の[クリック]アクティビティでは指定できないボタンをクリックしたいときは、[画像をクリック]アクティビティを使って、ボタンをイメージとして認識させてみましょう。

⑧ 選択項目の変数を指定する

クリックする場所が指定できた

1 テキストボックスをクリック

2 「""」を削除

Excelファイルに入力されたデータテーブルの2番目の列(row(1))の値を文字型に変換して入力する

3 [row(1).ToString]と入力

「その他」が入力される

❾ 残りの処理を追加する

ここまでを参考に、[項目を選択]の下に[文字を入力]を2つと、[クリック]を1つ、続けて追加する

[ブラウザー内に要素を指定]をクリックして、[金額] [備考] [登録する]をそれぞれ指定する

1 Web画面の[金額]のテキストボックスをクリック
2 「row(2).ToString」と入力
「5030」が入力される
3 Web画面の[備考]のテキストボックスをクリック
4 「row(3).ToString」と入力
「先月分」が入力される
5 Web画面の[登録する]をクリック

■「繰り返し（各行）」の処理2：画面上のデータの取得

デモアプリでは、データを登録すると、その処理固有のコードが出力されます。画面上のコードを取得し、Excelの表に書き戻しましょう。

❶ [アンカーベース]を追加する

ここでは、登録した経費に対してWebアプリ上で発行されたコードを取得する

[アンカーベース]を[クリック]の下に追加する

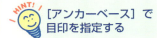
[アンカーベース]で目印を指定する

手順1で追加している[アンカーベース]は、画面上の要素を検索するアクティビティです。左側で合致する画面要素を見つけ、そこに右側の処理を適用します。ここで利用するデモアプリでは、[コード:40]のように、「コード:」という文字列に続く数字を取得したいので、左に[要素を探す]のアクティビティを配置して「コード:」という目印を検出させ、右側に[テキストを取得]のアクティビティを配置してそれに続く文字列（実際のコード番号）を取得します。

FINDとGETを入れ間違えないように注意

[アンカーベース]では、左側の[アンカー]部分に目印を検索する処理を、右側の[ここにアクションアクティビティをドロップ]部分に目印を見つけたときに実行する処理を配置します。左右を間違えると思い通りに動作しないので、気を付けましょう。

[アンカー]に目印を検索する処理を配置する

次のページに続く

❷ [要素を探す] を追加する

1 [アンカーベース]の左側（アンカー）に[要素を探す]をドラッグ

❸ 文字列を指定する

[要素を探す]が追加できた

前ページ手順9の画面で各項目を入力した後[登録する]をクリックし、[経費照会]の画面を表示しておく

1 [ブラウザー内に要素を指定]をクリック

2 [コード]をクリック

❹ [テキストを取得] を追加する

文字列が指定できた

手順2を参考に、[アンカーベース]の右側（ここにアクションアクティビティをドロップ）に[テキストを取得]をドラッグする

手順3の画面と同じく、[経費照会]の画面を表示しておく

1 [ブラウザー内に要素を指定]をクリック

 HINT! [テキストを取得]の値の格納先はプロパティで指定する

手順6の[テキストを取得]では、取得した値の格納先を[プロパティ]パネルで指定する必要があります。[出力]の[値]が、取得した値を示すプロパティになるので、ここに格納先の変数（ここではtransactionId）を指定します。変数を新たに作成するときは、Ctrl+Kキーを押して指定することを忘れないようにしましょう。

 HINT! 変数を確認しておこう

手順6で作成するtransactionId変数は、[変数]パネルから確認できます。変数が正しく作成されているかを確認しましょう。なお、ここでは変数の設定を変更する必要はありませんが、処理内容によっては、変数の型やスコープ（有効範囲）を変更する必要があります。

 HINT! 「1行を書き込み」って何？

[1行を書き込み]は、指定したデータを[出力]パネルに書き出すためのアクティビティです。処理を実行させた後に、UiPath Studioの[出力]パネルを開くと出力を確認できます。省略しても全体の処理に影響はありませんが、処理の途中結果をチェックすることなどができるので便利です。

 間違った場合は？

入力した文字列を削除した後、再度Ctrl+Kキーを押してから入力し直します。

⑤ 取得したい文字列を指定する

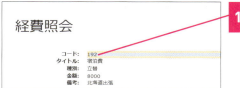

1 [コード]の右にある文字列をクリック

⑥ [テキストを取得]の値を変数に格納する

取得する文字列が指定できた

1 [プロパティ]パネルにある[値]のテキストボックスをクリック

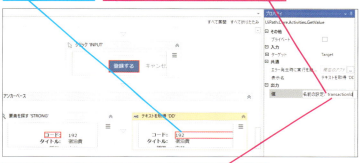

2 Ctrl + K キーを押す
3 「transactionId」と入力
4 Enter キーを押す

⑦ [1行を書き込み]を追加する

[1行を書き込み]を[アンカーベース]の下に追加する

1 「"code:"+transactionId」と入力

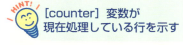

[counter]変数が現在処理している行を示す

[counter]は、ワークフローの最初の部分で初期化した変数です（38ページ参照）。counterの値がExcelの行番号に相当しています。初期化時に設定した値が「2」なので、「繰り返し（各行）」の最初の処理では、Excelの2行目が書き込み先として指定されます。「繰り返し（各行）」を繰り返す際に、値が1つずつプラスされていくため、処理対象の行も1つずつずれていくことになります。

「繰り返し（各行）」を繰り返すと値が少しずつプラスされていく

「繰り返し（各行）」の処理3：取得したコードのExcelへの出力

アンカーベースで取得したコードをExcelの表に書き戻します。書き込み先のセルは、列は「"E"」と固定で指定し、行はcounter変数で順次指定します。

1 [セルに書き込む] を追加する

[セルに書き込む]を[1行を書き込み]の下に追加する

2 変数の値をセルに書き込む

Excelの「E列」にコードの値を書き込む

1 右上のテキストボックスをクリック

2 「"A1"」を削除

3 「"E"+counter.ToString」と入力

4 下のテキストボックスをクリック

5 「transactionId.ToString」と入力

[セルに書き込む] って何？

[セルに書き込む]アクティビティは、Excelの特定のワークシートにある特定のセルに対してデータを書き込むためのアクティビティです。手順2のように、ワークシート、セル、値を指定して利用します。なお、[セルに書き込む]を使うには、事前にExcelファイルを開いておく必要があるので注意しましょう。

処理が繰り返されることを意識しよう

「繰り返し（各行）」を使った処理では、処理が繰り返されることを常に意識する必要があります。データの入力やコードの書き戻しといった一連の処理が終わったら、次のレコードで同じ処理をしなければならないため、手順5で忘れずに［戻る］をクリックする処理を追加して、アプリの画面も次の処理を開始できる状態に戻しておきます。

カウンターを使わずに書き込み先セルを指定するには

ここではcounter変数を使って、画面上から取得したコードを書き込むセルを指定しましたが、counterではなく、transactions（Excelのワークシートを読み込んだDataTable）から、書き込み先のセルを特定することもできます。具体的には、[セルに書き込む]で「"E"+(transactions.Rows.IndexOf(row)+2).ToString」と指定します。これは、transactions変数の現在処理している行の行番号を取得し、そこに2を追加（0からスタートしているため+1し、さらに見出し行があるため+1する）し、「.ToString」で文字列に変換するという意味です。この場合、ワークフローの冒頭でcounter変数を定義したり、「繰り返し（各行）」の最後でcounterを+1する処理は必要ありません。

③ [代入] を追加してカウンターを増やす

[代入] を [セルに書き込む] の下に追加する　　次の行の処理のためにcounterの値を1つ増やす

1 左のテキストボックスをクリック
2 「counter」と入力
3 右のテキストボックスをクリック
4 「counter+1」と入力

④ [クリック] を追加する

[クリック]を[代入]の下に追加する　　44ページの手順3と同じ[経費照会]の画面を表示しておく

1 [ブラウザー内に要素を指定] をクリック

⑤ クリックする場所を指定する

1 [戻る]をクリック

クリックする場所が指定できた

 ブラウザーは自動で閉じない

すべての処理が完了した後、[タブを閉じる]アクティビティを使って、デモアプリが表示されているブラウザーを自動的に閉じることもできます。ただし、RPAによる自動化では、人間の確認が非常に重要です。アプリやExcelを開いたままにしておくことで、入力された情報を人間が確認できるようにしておきましょう。

 UiPath Studioならではの変数「GenericValue」型

UiPath Studioの変数には、文字列や整数、日付、配列など、あらゆる型のデータを格納できる「GenericValue」という型が用意されています。Ctrl + K キーを押して変数を作成したときなど、多くの場合、変数は標準で「GenericValue」で作成されます。この型は、データを格納する際に型を意識しなくて済むメリットがありますが、比較や計算など、別の用途で利用するときに変換が必要になることがあります。「変数.ToString」や「Cint(変数)」などのように変換しましょう。

Point
基本的なアクティビティの使い方を身に付けよう

ここでは、[代入]や[文字を入力][範囲を読み込む][ブラウザーを開く][繰り返し（各行）][アンカーベース][1行を書き込み]などの基本的なアクティビティを手動で組み合わせて経費精算処理を自動化しました。
最初は、アクティビティの役割などが分からないため、難しいと感じてしまうかもしれませんが、ここで紹介した例は、いろいろな自動化処理に応用できる汎用的なものです。1つずつ確実に身に付けていけば、多くの処理を自動化することができるでしょう。

この章のまとめ

UiPath Studio の基本操作をマスターしよう

この章では、RPAの概念や「UiPath Studio」を使った基本的な自動化処理について解説しました。始める前は、難しそうなイメージがあったかもしれませんが、レコーディングを使うことで、初めてでも簡単に「RPA」というものを体験できたのではないでしょうか。また、経費処理を題材にしたデモアプリの操作を自動化することで、実際の業務を自動化する際のイメージもつかめたはずです。次の章から、より実践的な使い方を逆引き形式で紹介していきますが、高度なテクニックを使う場合でも、この章で紹介した操作がベースになります。まずは、基本をしっかりと身に付けておきましょう。

UiPath Studio で自動化処理を作成する

デモアプリで実際の業務を自動化するための基本をマスターしておく

第2章 RPAをもっと使いこなそう

この章では、UiPath Studioで自動化処理を作成する際に、ぜひ押さえておきたい基本的なテクニックを紹介します。日時の処理、分岐、ファイルやフォルダーの操作など、日常業務でよく使う処理をマスターしましょう。

●この章の内容

⓫ ワークフローの処理内容を分かりやすくするには ……………………………………50

⓬ 現在の日時を取得するには ……………………………54

⓭ 日付や時刻から必要な情報を取得するには ………56

⓮ 画面の値や文字から処理を分岐させるには ………62

⓯ 処理の途中でスクリーンショットを取得するには ……………………………………68

⓰ 処理が終わったファイルをフォルダーに移動するには ……………………………70

⓱ ファイルやフォルダーを削除するには ……………76

⓲ 必要な値の入力時に音が鳴るようにするには ……78

レッスン 11

ワークフローの処理内容を分かりやすくするには

表示名、注釈、コメント

ワークフローで、何が行われているのかを分かりやすく示すことは非常に重要です。[表示名]や[注釈][コメント]で処理内容を記述しましょう。

［表示名］や［注釈］［コメント］を活用しよう

ワークフローは、後から修正したり、メンテナンスすることを想定して、なるべく分かりやすく作っておくことが大切です。例えば、[条件分岐]アクティビティの[表示名]を変更して、どのような条件で何を判断しているのかをひと目で分かるようにしたり、条件分岐の判断基準など説明や注意点を[注釈]で説明したり、アクティビティの前後に[コメント]を配置して将来的にアクティビティの追加が必要になる可能性を示したりすれば、後から修正や変更が簡単にできます。

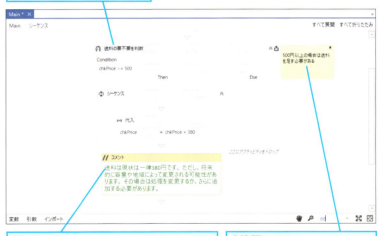

◆表示名
処理の内容がひと目で分かる名前に変更できる

◆コメント
処理の前後に配置できる。後で追加・修正が必要なことを記載できる

◆注釈
処理の内容を説明できるほか、注意点を記入できる

🔆HINT! 過去のスクリーンショットを削除できる

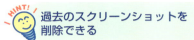

アクティビティによっては、処理内容を示す画像（参考スクリーンショット）が自動的に挿入されます。この画像は、右側のオプションメニューから［参考スクリーンショットを変更］を選ぶことで別の画像に差し換えられます。ただし、画像を差し換えた際、過去の画像が内部に残ったままになることがあります。画面左側で［プロジェクト］パネルを開いた状態で、［未使用のスクリーンショットを削除］ボタンをクリックすると、プロジェクト全体から、過去に保存された画像をまとめて削除できます。

> ［プロジェクト］パネルを表示しておく

1 ［未使用のスクリーンショットを削除］をクリック

🔆HINT! このレッスンで使う変数

このレッスンでは、次の変数を使います。ワークフロー内で登場する変数の用途を確認しておきましょう。UiPath Studioの変数には、文字列や整数、日付など基本的な型のデータを格納できる「GenericValue」という型が用意されています。

●chkPrice
型：GenericValue
用途：金額を格納する

アクティビティの表示名を変える

アクティビティの表示名は、標準では［条件分岐］や［代入］などのアクティビティ名になっています。［送料の要不要を判断］［金額に送料を追加］など分かりやすい表示名に変えてみましょう。

1 アクティビティの表示名を選択する

ここでは［条件分岐］の名前を変更する

1 アクティビティ名をクリック

カーソルが表示された

2 表示名を編集する

1 Back spaceキーを4回押す

［条件分岐］の名前が削除できた

3 新しい表示名を入力する

処理内容が分かりやすいアクティビティ名に変更する

1 新しいアクティビティ名を入力

2 Enterキーを押す

アクティビティ名が変更される

同様の手順で、そのほかアクティビティの表示名も変更できる

HINT! プロパティでも変更できる

［表示名］は、［プロパティ］パネルからも変更できます。［表示名］の部分をクリックして、同様に元の名前を分かりやすい名前に変更しましょう。

1 ここにマウスポインターを合わせる

2 そのままクリック

「条件分岐」の右にカーソルが表示される

Back spaceキーを押して名前を変更する

HINT! アクティビティ名を残してもいい

［表示名］を変更するときは、元のアクティビティ名をあえて残しておくのも1つの方法です。例えば、「条件分岐：送料の要不要を判断」などとしておけば、処理内容に加えて、どのアクティビティを使っているのかもひと目で分かります。

HINT! ここで扱うワークフロー

ここでは、価格が500円以下だったときに送料380円を追加する処理を例に、ワークフローを分かりやすくする方法を解説します。各処理で何をしているのかを［表示名］や［注釈］［コメント］で追記してみましょう。

次のページに続く

11 表示名、注釈、コメント

注釈を追加する

[注釈]は、アクティビティに関する情報を追加できる機能です。そのアクティビティで何をしているのか？ なぜ必要なのか？ 変更や削除の際に何に注意すべきか？ などを文章で記述できます。

1 注釈を追加する

ここでは、[条件分岐]に注釈を追加する

1 アクティビティを右クリック
2 [注釈]にマウスポインターを合わせる
3 [注釈の追加]をクリック

注釈を常に表示したいときは

注釈は、普段は非表示になっており、マウスオーバーしたときだけ表示されます。常に表示しておきたいときは、次のように[ドッキング]ボタンをクリックして固定しましょう。また、アクティビティを右クリックして、[注釈]の[すべての注釈を表示]を選ぶと、ワークフロー内にあるすべての注釈を常に表示できます。

1 [ドッキング]をクリック

注釈が常に表示される

[ドッキング解除]をクリックすると、コメント表示に戻る

2 注釈を入力する

1 注釈を入力
2 そのほかの場所をクリック

注釈を追加したアクティビティには、右上に[注釈]アイコンが表示される

ワークフローを画像として保存できる

ワークフローの内容を仕様書や手順書などに記載したいときは、ワークフローを画像として出力すると便利です。画像にしたい部分（全体の場合はシーケンス）を右クリックして[イメージとしてコピー]や[イメージとして保存]を選択すると、選択した部分が画像として扱えるようになります。

1 画像として保存したいアクティビティまたはワークフローを右クリック

[イメージとしてコピー]または[イメージとして保存]をクリックする

3 注釈を表示する

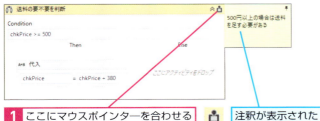

1 ここにマウスポインターを合わせる 注釈が表示された

コメントを追加する

［コメント］は、ワークフロー内に追加できるアクティビティの一種です。アクティビティの前後に配置できるので、個々のアクティビティというよりは、全体的な処理について記述できます。

1 ［コメント］を追加する

ここでは[Then]の処理にコメントを追加する

1 「コメント」と入力
2 ［コメント］をドラッグ
［コメント］が挿入された

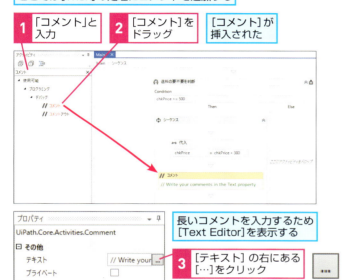

長いコメントを入力するため[Text Editor]を表示する

3 ［テキスト］の右にある［…］をクリック

2 コメントを入力する

[Text Editor]が起動した
1 コメントを入力
2 [OK]をクリック

コメントが入力できた
コメントは改行なしで表示される

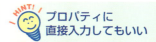
プロパティに直接入力してもいい

ここでは、[Text Editor]を起動してコメントを編集していますが、［プロパティ］パネルの［テキスト］に、直接、コメントを入力しても構いません。短いコメントなら、直接、入力した方が簡単です。

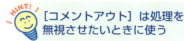
［コメントアウト］は処理を無視させたいときに使う

［コメント］に似たアクティビティに［コメントアウト］があります。［コメントアウト］は、ワークフロー内のアクティビティを無効化したいときに使うアクティビティです。特定のアクティビティを［コメントアウト］内にドラッグしておくと、ワークフローを実行しても、そのアクティビティは処理させずに無視されます。将来的に追加予定の処理を記述したり、不要だが念のため残しておきたいときなどに使いましょう。

Point
誰が見ても分かるワークフローを作ろう

ワークフローは、作ったら終わりではありません。業務フローや業務アプリの仕様変更に合わせて内容を修正したり、より効率的にワークフローが実行されるように後から改良したりする可能性があります。また、大規模な環境では複雑なワークフローをチームで開発することもあります。このため、ワークフローは、いつ、誰が見ても、すぐに内容を理解できるようにしておく必要があります。［表示名］［注釈］［コメント］を活用して、分かりやすいワークフローになるよう心がけましょう。

レッスン 12

現在の日時を取得するには

日時の取得

業務処理の中では、日時を扱うことがよくあります。UiPath Studioでも、簡単に日時の情報を扱うことができるので、さまざまな処理に活用してみましょう。

■ [DateTime.Now]で日時を取得しよう

業務アプリケーションの操作の中で日付を指定したり、Webページの情報をスクレイピングするときに日付を指定したりするなど、ワークフローで日付を扱いたいときは、[DateTime]を使います。

● [DateTime.Now]

[DateTime.Now]はVB.NETの関数です。[DateTime]に対して[Now]を指定することで、「11/14/2018 09:04:59」のように現在の日時を表示できます。

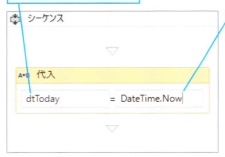

◆[DateTime.Now]
現在の日時を取得する

変数に格納して利用できる

出力ファイルのタイムスタンプに活用できる

日時の情報は、いろいろな活用方法があります。例えば、[テキストファイルを書き込む]のアクティビティに「"d:¥temp¥"+dtToday+".txt"」と指定することで、「20181021-0711.txt」のように、データを出力するときのファイル名に取得した日時をタイムスタンプとして含めることなどができます。ただし、「DateTime.Now」で取得した日時には「/」や「:」などファイル名として使えない文字が含まれているので、次のレッスン⑬を参考にファイル名として使いたい情報だけを取り出す必要があります。

データ出力時のタイムスタンプをファイル名にできる

VB.NETって何？

VB.NET（Visual Basic .Net）は、マイクロソフトが開発したプログラミング言語です。UiPath Studioでは、この言語も活用して、さまざまな処理を実行できます。

このレッスンで使う変数

このレッスンでは、次の変数を使います。ワークフロー内で登場する変数の用途を確認しておきましょう。

●dtToday
型：GenericValue
用途：取得した日時を格納する

テクニック [System.DateTime.Now]と指定することもできる

[DateTime.Now]は、[System.DateTime.Now]と記述することもできますが、[System]は省略しても動作に変わりはありません。また、[System.DateTime]を省略して、下の画面のように[Now]とだけ指定しても同じ結果を得ることができます。省略した方が記述は簡単ですが、変数と間違えることなどもあるので、あまり省略しすぎるのは好ましくありません。

「DateTime.Now」の「DateTime」を省略できる

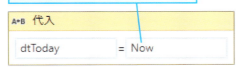

① [代入]を追加する

[シーケンス]を配置しておく　**1** 「代入」と入力

2 [シーケンス]の中にドラッグ

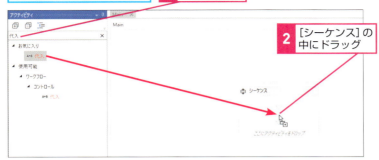

② [代入]の変数を設定する

1 左のテキストボックスをクリック　**2** Ctrl+Kキーを押す

3 「dtToday」と入力

4 Enterキーを押す

5 「DateTime.Now」と入力

③ [メッセージボックス]を挿入して日付を表示する

1 [代入]の下に[メッセージボックス]を追加

2 テキストボックスをクリック

3 [dtToday]と入力

4 Enterキーを押す　画面左上の[実行]をクリックすると、日時が表示される

[Now]を置き換えると表示される情報が変わる

[DateTime.Now]では、日付と日時が表示されますが、[Now]の代わりに[Today]を利用し[DateTime.Today]と指定すると今日の日付だけが表示されます。また、[DateTime.utcNow]と指定すると、標準時での日時を指定できます。海外とのやりとりなどで活用しましょう。

変数の型を指定するときは

ここでは、取得した日時のデータを標準のGenericValue型の変数に格納しています。単純に表示するだけなら、このままで構いませんが、取得した日時を元に処理をするときは、GenericValue型のままでは期待通りの結果が得られないことがあります。このときは、変数の型で次のように[System.DateTime]を指定しましょう。

[変数]パネルの[GenericValue]をクリックして、[型の参照]を選択する

[参照して.Netの種類を選択]ダイアログボックスが表示された

1 「System.DateTime」と入力

[DateTime]が選択されていることを確認する

Point
使える関数は積極的に活用しよう

UiPath Studioでは、ワークフローの中でVB.NETの関数を利用することができます。日付の取得などは、こうしたVB.NETの[DateTime]関数を活用することで簡単に処理ができる代表的な例といえるでしょう。まずは、基本的な日時の取得方法を覚えておきましょう。

レッスン 13

日付や時刻から必要な情報を取得するには

日時情報の取得

［DateTime］をさらに活用してみましょう。日時を指定した形式で表示したり、日時から特定の情報だけを取得したりすることもできます。

日時から必要な情報を得る

業務を自動化するときは、単純に日時を得るだけでなく、それを必要な形式に変更したり、必要な情報だけを取り出す必要があります。ここでは、日時のデータの基本的な扱い方を紹介します。

●日付を取得する

「DateTime.Now.ToString("yyyy/MM/dd")」のようにすると、日時を指定した形式の文字列として取り出せます。

変数に格納して利用できる

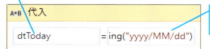

「2018/10/21」の形式で日付を表示できる

●時刻を取得する

日時の情報から時刻だけを取り出すこともできます。「"hh:mm:ss"」と表示したい形式を指定しましょう。

変数に格納して利用できる

「11:42:13」の形式で時刻を表示できる

●日時を計算する

［AddDays］で日付を足したり、ちょっとした工夫で前月末を取得したりと、日付の計算もできます。

変数に格納して利用できる

「.AddDays(20)」と指定して、20日後の日付を表示できる

> **HINT!** カレンダーの操作などにも活用できる
>
> このレッスンで紹介する方法は、見積もり作成ソフトで日付を選択したり、カレンダーアプリで日付を選択したりするなど、日付を扱うワークフローを作成するときに便利です。

> **HINT!** このレッスンで使う変数
>
> このレッスンでは、次の変数を使います。ワークフロー内で登場する変数の用途を確認しておきましょう。
>
> ●dtToday
> 型：GenericValue
> 用途：取得した日時を格納する

日付だけを取得する

日付と時刻の両方が含まれた［DateTime.Now］から、日付だけを指定して取り出しましょう。形式を指定することで、欲しい情報だけを表示できます。

1 ワークフローを作成する

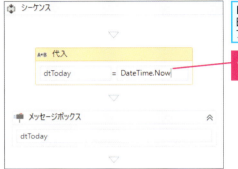

レッスン⑫を参考に、日時を表示するワークフローを作成しておく

1 ［代入］の右のテキストボックスをクリック

2 処理を書き換える

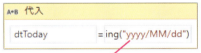

「年/月/日」と表示されるように変更する

1 「DateTime.Now.ToString("yyyy/MM/dd")」と入力

3 処理を実行する

1 ［実行］をクリック

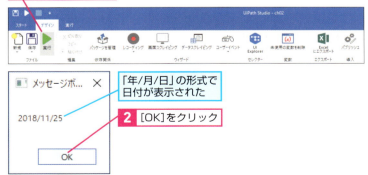

「年/月/日」の形式で日付が表示された

2 ［OK］をクリック

UiPath Studioの操作画面に戻る

 形式にこだわらないなら

「2018/10/21」のように「年/月/日」で並ぶ形式で表示したいときは、手順2のように「.ToString("yyyy/MM/dd")」と形式を指定する必要があります。もしも、海外で一般的な「月/日/年（10/21/2018）」のような形式で表示したいときは、単に「.ToShortDateString」と指定して日付を取り出しましょう。なお、「.ToLongDateString」と指定すると、「Sunday, 21 October 2018」のような長い形式で表示できます。

 月を表す「MM」は大文字で指定しよう

日時を表すフォーマットでは、「m」の扱いに注意が必要です。ここで指定した月を表す場合は、必ず大文字の「M」を指定します。小文字の「m」は時刻の分を表すためのものなので、間違えないように注意しましょう。

すべて指定する必要はない

ここでは、「yyyy/MM/dd」と年、月、日をすべて指定しましたが、「ToString("dd")」と指定することで、日付だけを取り出せます。例えば、Webアプリで今日の日付をクリックしたいときなどは、この方法で日付を取得して、クリック先を指定できます。

次のページに続く

時刻を取得する

続いて、時刻だけを取り出します。日付のときと同様に「.ToString ("hh:mm:ss")」と形式を指定します。「""」内の違いに注意して実行してみましょう。

1 ワークフローの修正を開始する

前ページで作成したワークフローを表示しておく

1 [代入]の右のテキストボックスをクリック

2 処理を書き換える

「時:分:秒」と表示されるように変更する

1 「yyyy/MM/dd」をドラッグ
2 Backspaceキーを押す
3 「hh:mm:ss」と入力

「DateTime.Now.ToString("hh:mm:ss")」と変更できた

3 処理を実行する

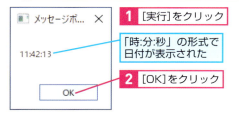

1 [実行]をクリック
「時:分:秒」の形式で日付が表示された
2 [OK]をクリック

UiPath Studioの操作画面に戻る

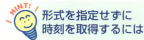
形式を指定せずに時刻を取得するには

日付のときは、形式に注意する必要がありましたが、時刻の場合は地域による表記の違いがほとんどないため、よりシンプルな方法で時刻を取得できます。「.ToShortTimeString（時と分のみ）」や「.ToLongTimeString（秒まで表示）」と指定して結果を確認しましょう。

分は小文字の「mm」と指定する

形式を指定して時刻を取得する際は、必ず「m」を小文字で表記します。大文字にすると、前ページで解説した月と判断されるため、「時:月:秒」と表示されます。

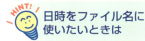
日時をファイル名に使いたいときは

ログファイルを出力するワークフローを作成するときなどは、取得した日時をファイル名に使用できます。ただし、日時に含まれる「/」や「:」はファイル名として使えないため、「"yyyyMMdd"」や「"hhmmss"」のように「/」や「:」を抜いた形式で指定します。

×日後の日付を取得する

作成するワークフローによっては、今日から指定した日数後の日付を取得したいことがあります。そこで、日付を計算する方法を見てみましょう。

1 ワークフローの修正を開始する

前ページで作成したワークフローを表示しておく

1 [代入]の右のテキストボックスをクリック

2 処理を書き換える

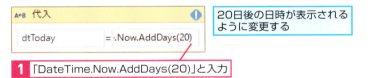

20日後の日時が表示されるように変更する

1 「DateTime.Now.AddDays(20)」と入力

3 処理を実行する

1 [実行]をクリック

20日後の日時が表示された

2 [OK]をクリック

UiPath Studioの操作画面に戻る

HINT! 年や月、時刻の計算もできる

ここでは、日付を計算するための「AddDays」を使いましたが、このほか、次の方法で日付以外を計算できます。

・AddMonths：月を計算する
・AddYears：年を計算する
・AddHours：時を計算する
・AddMinutes：分を計算する
・AddSeconds：秒を計算する

HINT! 引き算をするには

「AddDays」は、「Add」という言葉が使われていますが、足し算だけでなく引き算もできます。「AddDays(-1)」と負の数を指定すれば、指定した日数前の日付を表示できます。

次のページに続く

前月の末尾を取得する

請求処理などでは、前月の末尾を日付として扱うことがよくあります。このような日付も、発想を少し工夫することで指定が可能です。

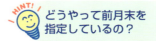
どうやって前月末を指定しているの？

「前月の末日」は、発想を変えて考えると、「今月の1日の1日前」といえます。これを表したのが手順2で記入した処理です。長いので2つに分解して見てみましょう。まず、「New DateTime (DateTime.Now.Year, DateTime.Now.Month, 1)」は、最後の「1」から分かるように現在の年、月の1日（最初の日）を指定しています。この構文に対して、「AddDays(-1)」を指定しているので、1日前、つまり前月の末日を指定できます。最後に、これで取得できた日時の情報をToString ("yyyy/MM/dd")で、指定した形式の文字列にしています。

1 ワークフローの修正を開始する

前ページで作成したワークフローを表示しておく

1 [代入]の右のテキストボックスをクリック

2 処理を書き換える

前月の最終日が表示されるように変更する

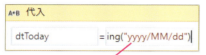

1 「(New DateTime(DateTime.Now.Year, DateTime.Now.Month, 1).AddDays(-1)).ToString("yyyy/MM/dd")」と入力

3 処理を実行する

1 [実行]をクリック

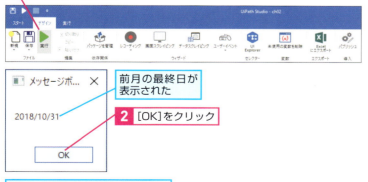

前月の最終日が表示された

2 [OK]をクリック

UiPath Studioの操作画面に戻る

Point

日時のデータを活用しよう

日時は、普段の業務を自動化する際に欠かせない情報の1つです。ログとして情報を残したり、請求書の日付として使ったり、データの取得日を指定したり、タイムスタンプとして使ったりと、いろいろな活用ができます。単に表示するだけでなく、必要な情報をどのように取り出すか、どうやって計算するかを覚えておくと、いろいろなワークフローで活用できるでしょう。

テクニック 日時の形式をマスターしよう

このレッスンでは「yyyy/MM/dd」や「hh:mm:ss」といった基本的な形式を紹介しましたが、これ以外にも日時を表す文字の組み合わせがあります。年や月を単独で指定できるのはもちろん、「ddd」や「dddd」で曜日を表示したり、大文字の「HH」で時刻を24時間形式で表示できます。ワークフローの中で、どのような情報が必要かによって、これらの形式を使い分けましょう。

● 主な日時の表示形式

入力形式	表示例
yyyy/MM/dd	2018/10/21
MM/dd	10/21
yyyy	2018
yy	18
MM	10
dd	21
ddd	Sun
dddd	Sunday
hh:mm:ss	08:10:33
hh	08
HH	13（24時間表示）
mm	10
ss	33

テクニック 日付の記号は個別に変更できる

一般的には、「2018/10/21」と「/」で日付を区切ったり、「11:56:30」と「:」で時刻を区切るのが一般的ですが、これらの文字は任意のものに置き換えられます。例えば、「yyyy年MM月dd日（ddd）」と指定すると、「2018年10月21日（Sun）」と表示できます。なお、ここでは、構文で使われるかっこと曜日を囲むかっこを区別できるようにするために、曜日のかっこを全角にしましたが、きちんと「""」で囲まれていれば、曜日の表示に半角のかっこを使っても問題ありません。

[代入]アクティビティの[プロパティ]パネルを表示しておく

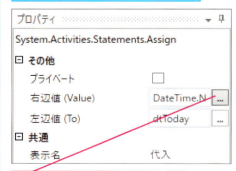

1 [右辺値(Value)]の[…]をクリック

[式エディター]ダイアログボックスが表示された

「xxxx年xx月xx日（曜日）」の形式で表示されるように設定する

2 「DateTime.Now.ToString("yyyy年MM月dd日（ddd）")」と入力

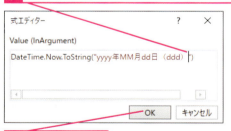

3 [OK]をクリック

「xxxx年xx月xx日（曜日）」の形式で表示された

4 [OK]をクリック

レッスン 14

画面の値や文字から処理を分岐させるには

条件分岐とフロー条件分岐

画面上の文字や値を読み取って、それを基準に処理が分岐するワークフローを作ってみましょう。［条件分岐］と［フロー条件分岐］の2つがあります。

［条件分岐］や［フロー条件分岐］を使おう

例えば、画面上に表示された金額を見て、一定額を超えたら送料無料、以下だったら送料を追加というように、条件によって分岐する処理は珍しくありません。このような分岐には、［条件分岐］や［フロー条件分岐］を使います。

●条件分岐

条件分岐はシーケンスの中で使うアクティビティです。条件によって計算方法が異なるなど、一連の処理の中で複数の方法を使い分けるときに活用します。

分岐の条件を指定する

◆[Then]
条件を満たしたときの処理を記述する

◆[Else]
条件を満たさなかったときの処理を記述する

●フロー条件分岐

フロー条件分岐は、フローチャートで使う分岐処理です。条件によって、まったく別の処理を2種類作成するときなど、大きな違いがあるときはフローで分岐させます。

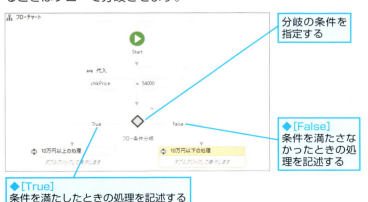

分岐の条件を指定する

◆[False]
条件を満たさなかったときの処理を記述する

◆[True]
条件を満たしたときの処理を記述する

分岐の中にさらに分岐もできる

例えば、［条件分岐］の中に、さらに［条件分岐］を配置して、条件を絞り込んでいくことも可能ですが、使いすぎるとワークフローが複雑になり、後からの修正や変更が難しくなるので注意が必要です。

このレッスンで使う変数

このレッスンでは、次の変数を使います。ワークフロー内で登場する変数の用途を確認しておきましょう。chkType変数の使い方は、67ページのテクニックを参照してください。

●chkPrice
型：GenericValue
用途：画面に表示された金額を格納し判断基準として使う

●chkType
型：String（文字列型）
用途：見積や納品など分岐先の処理のタイプを格納する

あらかじめ変数の型を変更してもいい

ここでは、chkPrice変数をGenericValue型に指定しておき、後から「CInt()」で整数型に変更していますが、最初から整数を格納することが明らかな場合は、あらかじめchkPrice変数をInt32型で定義しても構いません。その場合は、後からCInt()で変換する必要はありません。ただし、Webページから値を読み取る場合など、ワークフローによって、取得時はGenericValueにしておくと使い勝手がいい場合もあります。

[条件分岐] で処理を分岐させる

1 画面に表示された値を読み込む

[シーケンス]の中に[テキストを取得]を配置する

レッスン⑩を参考に、Webアプリに表示された金額を読み込んでおく

1 [プロパティ]パネルにある[値]のテキストボックスをクリック
2 Ctrl + K キーを押す
3 「chkPrice」と入力
4 Enter キーを押す

2 [条件分岐]を追加する

1 「条件分岐」と入力
2 [条件分岐]をドラッグ

3 条件式を入力する

画面に表示された金額が10万円を超えたときの処理を作成する

1 「CInt(chkPrice) >= 100000」と入力

条件を満たす場合は[Then]が実行され、それ以外は[Else]が実行される

HINT! 変数の型に注意しよう

画面上から取得した金額を格納するchkPrice変数は、標準ではGeneric Value型です。このままでは、数値として扱えません。「CInt(chkPrice)」として整数型に変換しましょう。

変数の型は、画面下の[変数]をクリックして[変数]パネルを表示すると確認できる

HINT! 文字列を比較するには

判断基準には、数値だけでなく、文字も利用できます。例えば、Webアプリの項目名を基準に処理を変えたり、画面上のメッセージに特定の文字が含まれている場合に処理を変えたりすることができます。文字列を比較する場合は、[Condition]に次の例のように指定しましょう。なお、[Equals]と[Contains]はそのまま指定できますが、[StartsWith]は「.ToString」で明示的に文字列に変換してから指定します。

例：
・「立替」という文字列と一致するかどうか？
　変数.Equals("立替")
・「替」という文字が含まれるかどうか？
　変数.Contains("替")
・「立」という文字で始まるかどうか？
　変数.ToString.StartsWith("立")

次のページに続く

④ [Then] に [メッセージボックス] を追加する

金額が10万円を超えたときに、メッセージが表示されるように設定する

1 [メッセージボックス]を[Then]の[ここにアクティビティをドロップ]までドラッグ

2 テキストボックスをクリック

Equalsでも指定できる

前ページの手順3では、条件式に「<>=」の演算子を使いましたが、一致の場合なら「chkPrice.Equals(100000)」のように、「Equals」を使うこともできます。なお、数値の場合は、「()」に数値を直接入力しますが、文字列の場合は「("")」と「"」で囲みます。逆に数値を「("100000")」と指定すると、条件が文字列となり、内部的な型が一致しないため、同じ「100000」でも[Then]の処理が実行されません。

⑤ メッセージを入力する

1 「""」と入力

2 ←キーを押す

3 メッセージを入力

金額が10万円を超えたときだけ、メッセージが表示される

金額が10万円以下のとき（Elseのとき）は、そのまま処理が継続される

Elseにも処理を追加できる

手順5では条件を満たす場合（Then）の処理のみを記述しますが、条件を満たさない場合の処理が必要なときは、[Else]の部分にも処理を追加します。

テクニック　人が判断して分岐するには

自動化する業務によっては、処理の分岐に、人の判断を介在させることもできます。例えば、このレッスンのメッセージボックスをさらに条件分岐で囲んでから（条件分岐の中に条件分岐を配置し、内部の条件分岐の[Then]にメッセージボックスを配置した状態）、プロパティで[はい][いいえ]のボタンを表示するように変更します。これにより、例えば、金額が10万円を超えたのに、責任者の決裁を受けていない場合（[いいえ]を選択した場合）に、業務アプリの[破棄]や[キャンセル]などをクリックして、処理を中断させることもできます。なお、[Ok][OkCancel][YesNoCancel][YesNo]など、表示できるボタンも変更できます。

ここをクリックして、[YesNo]を選択しておく

「Yes」「No」の結果を格納する変数として「btn」を指定する

処理を実行すると、[はい][いいえ]のボタンが表示される

「はい」のときは、変数btnに[Yes]が、「いいえ」のときは[No]が格納される

［フロー条件分岐］で処理を分岐させる

例えば、画面上に表示された金額が10万円を超えたときと10万円以下の場合で、操作するアプリや計算などの処理がまったく変わってしまうときは、フロー条件分岐で処理を分岐させます。

1 ［フローチャート］と［代入］を追加する

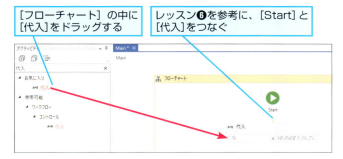

2 ［代入］の変数と値を設定する

3 ［フロー条件分岐］を追加する

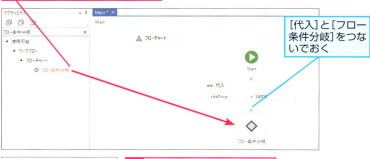

HINT! 何を代入しているの？

ここでは、フロー分岐の使い方を主に解説します。このため、画面上の値を取得する処理は省略し、手順2で、［代入］を使って、判断基準となる金額を直接入力しています。フローチャートでも画面上の値を判断したいときは、［テキストを取得］を配置して、画面上の値を取得しておきましょう。

HINT! ［条件］に直接式を入力してもいい

ここでは、手順3で［…］をクリックして［式エディター］ダイアログボックスを表示しています。条件式が長くなるときは、式エディターを使った方が入力は簡単ですが、短い式で済む場合は、手順3で［条件］のプロパティに直接、式を入力しても構いません。

次のページに続く

④ 条件式を入力する

[式エディター] ダイアログボックスが表示された

「chkPrice」が100000を超えるかどうかを判断する

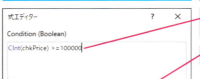

1 「CInt(chkPrice) >= 100000」と入力

2 [OK]をクリック

⑤ 分岐する処理を追加する

[フロー条件分岐]の左右に[シーケンス]を配置しておく

1 左の[シーケンス]の表示名をクリック

2 「10万円超過の処理」と変更

同様の手順で、右の[シーケンス]の表示名を「10万円以下の処理」に変更する

⑥ [フロー条件分岐]と「True」の処理をつなぐ

1 [フロー条件分岐]にマウスポインターを合わせる

「True」「False」の条件式が表示される

2 [True]の四角から[10万円超過の処理]までドラッグ

3 [10万円超過の処理]に表示された四角の上でドロップ

[True]と[False]で分岐する

[条件分岐]では[Then]と[Else]で分岐しましたが、[フロー条件分岐]では[True]と[False]で分岐します。指定した条件式を満たす場合が[True]で、満たさない場合が[False]となります。分岐先を間違えないように注意しましょう。

「Boolean」って何？

手順4の[式エディター]ダイアログボックスに表示される「Boolean（ブーリアン）」とはプログラミングでよく使われる基本的なデータ型の1つです。「True（真）／False（偽）」のように、二者択一のデータを格納するときに使われます。

複数条件を組み合わせて指定するには

[条件分岐]や[フロー条件分岐]では、[Condition]に複数の条件を指定できます。例えば、「CInt(chkPrice) >= 100000 AndAlso CInt(chkPrice) < 1000000」のように、2つの式を[andalso]でつなぐと、「10万円以上かつ100万円未満」という条件を指定できます。数値の比較と文字の比較を組み合わせるなど、いろいろな条件を指定できます。

テクニック 3つ以上の分岐で使うアクティビティ

[条件分岐]や[フロー条件分岐]は、分岐の選択肢が2つの場合に使えるアクティビティです。選択肢が3つ以上あるときは、[スイッチ]や[フロースイッチ]アクティビティを使います。例えば、Type変数の値が「請求」なら請求書処理へ、「見積」なら見積処理へ、「納品」なら納品処理に分岐させたりもできます。なお、いずれの場合も、判断条件に使う変数の型を指定しておく必要があります。ここではString型を選択しますが、Stringを指定したときは、[Case]で条件を指定するとき、文字列であっても「""」は不要です。また、いずれの条件も満たさなかったときに選択される「Default」の指定も必要となります。[スイッチ]の場合は、標準の選択肢を[Default]の部分に登録し、[フロースイッチ]の場合はプロパティで[IsDefaultCase]にチェックマークを付けてください。

●フロースイッチ

[フロースイッチ]に[シーケンス]を3つ配置する

分岐させたい[シーケンス]処理をつなぐ

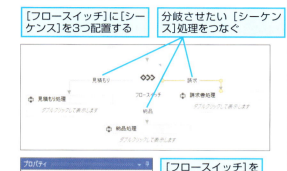

●スイッチ

あらかじめ、[プロパティ]パネルの[Type Argument]で[String]の型を選択しておく

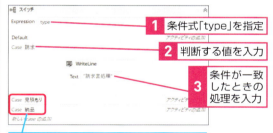

1 条件式「type」を指定
2 判断する値を入力
3 条件が一致したときの処理を入力

[新しいCaseの追加]をクリックした後、同様の手順で条件を指定する

1 [Type Argument]の型を[String]に変更
2 [式]の変数を「chkType」に設定

「請求書処理」シーケンスをクリックして[プロパティ]パネルを表示する

3 判断する値として、[Case]に「請求」を設定

[IsDefaultCase]にチェックマークを付けると、該当する選択肢がなかったときに実行される標準の処理になる

7 [フロー条件分岐]と「False」の処理をつなぐ

[フロー条件分岐]と[10万円超過の処理]がつながった

同様に[False]の処理もつなぐ

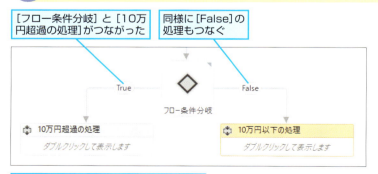

条件によって処理が分岐するようになる

Point

[Condition]を慎重に

UiPath Studioでは、[条件分岐]や[フロー条件分岐]を使えば、簡単に処理を分岐させることができます。このとき、ポイントになるのは[Condition]に指定する式です。この式が間違っていると、思い通りの結果が得られなくなります。変数の型が違うだけでうまく分岐しないので、慎重に設定しましょう。作成後、いろいろなパターンの値を使って、正しく分岐することを確認しておくと安心です。

レッスン 15

処理の途中でスクリーンショットを取得するには

スクリーンショット

エラーが発生したときの原因を探ったり、ワークフローの実行状況を確認したりしたいときは、[スクリーンショットを撮る]を活用すると便利です。

■ [スクリーンショットを撮る]で画面を撮影する

[スクリーンショットを撮る]は、直前に配置されたアクティビティが実行された直後の画面を画像として保存する機能です。エラーメッセージなどだけでは把握しにくい実行時の状況を画面で確認できます。

● [スクリーンショットを撮る]
画面上の指定した要素のスクリーンショットを指定したタイミング（標準では300ミリ秒後）で取得します。

◆[スクリーンショットを撮る]
操作時の画面を撮影できる

◆[画像を保存]
撮影したスクリーンショットをファイルとして保存する

> **HINT!** 撮影した画像は保存する必要がある
>
> [スクリーンショットを撮る]は画面をイメージとしてメモリ上に保持するアクティビティです。このため、画像として記録するには、[画像を保存]と組み合わせて利用します。

> **HINT!** このレッスンで使う変数
>
> このレッスンでは、次の変数を使います。ワークフロー内で登場する変数の用途を確認しておきましょう。
>
> ● scrnShot
> 型：GenericValue
> 用途：撮影した画像データを格納する

👆 テクニック　エラーが発生したときの画面を残せる

UiPath Studioでは、[トライキャッチ]アクティビティを使って、エラーが発生したときの処理を記述することができます。この際、[Catches]の中に[スクリーンショットを撮る]と[画像を保存]を入れておくと、エラーが発生した場合の状況を画像で保存できます。普段は、スクリーンショットを撮影せず、エラーが発生したときだけ撮影したいときは、この方法を使いましょう。

例外が発生したアクティビティを、[トライキャッチ]の中に配置する

例外（Exception）の種類を指定する

[Catches]に[スクリーンショットを撮る]と[画像を保存]を追加する

① スクリーンショットの撮影範囲を指定する

[スクリーンショットを撮る]を配置しておく

1 [画面上で指定]をクリック

ここではブラウザーのウィンドウ全体を撮影する

Internet Explorerを起動し、スクリーンショットを撮影するページを表示しておく

2 画面の左上から右下までドラッグ

② スクリーンショットを変数に格納する

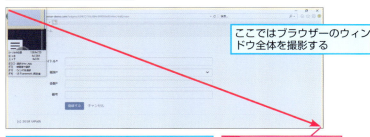

撮影範囲を指定できた

続けて、[プロパティ]パネルで変数を指定する

1 [スクリーンショット]のテキストボックスをクリック

2 Ctrl + K キーを押す

3 「scrnShot」と入力

4 Enter キーを押す

③ スクリーンショットを保存する

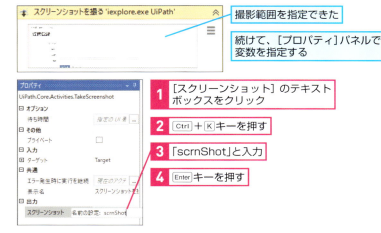

[スクリーンショットを撮る]の下に[画像を保存]を配置する

1 変数(ここではscrnShot)を指定

ここをクリックして参照先を指定してもいい

2 保存先パスとファイル名を入力

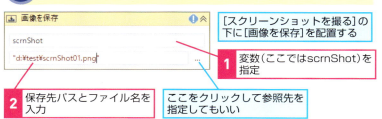

HINT! 撮影する場所を指定できる

[スクリーンショットを撮る]では、画面全体や特定のアプリのウィンドウ、アプリ内のテキストボックスなど、撮影する要素を指定できます。エラーメッセージなどを確認したいなら画面全体、アプリへの入力処理を監視したいならテキストボックスなどと、スクリーンショットの用途によって適切な領域を選びましょう。

HINT! 撮影ができないときは待ち時間を調整しよう

ブラウザーの画面などは、ページの読み込みに時間がかかることあるため、狙ったタイミングでうまくスクリーンショットを撮影できないことがあります。このような場合は、[プロパティ]パネルの[待ち時間]を調整します。標準では300ミリ秒になっているので、撮影するまでの待ち時間を少しだけ長くしてみるといいでしょう。

[待ち時間]を「ミリ秒」で指定できる

Point
ワークフローの作成時に活用しよう

スクリーンショットは、ワークフローの動作を画像ファイルとして記録できる機能です。実行速度に影響を与えるため、本番環境に入れる場合はポイントを絞り込む必要がありますが、ワークフローの制作過程などでは、こまめに入れておくことで、実行時の様子を画像で記録できます。「うまく動くかな?」と心配な部分などに入れておくと安心です。

レッスン 16

処理が終わったファイルをフォルダーに移動するには

ファイルの移動

データの参照先として利用したExcelのファイルなどを、処理完了後に別のフォルダーに移動してみましょう。UiPath Studioならファイル操作も簡単です。

パスを取得して［ファイルを移動］を使おう

データの読み書きやログの保存など、業務の自動化にはファイルを扱う処理が欠かせません。こうした処理に使うのが［ファイルを移動］アクティビティです。標準では1つしかファイルを移動できませんが、繰り返し処理を使うことで複数ファイルも移動できます。

●［ファイルを移動］
指定したファイルを指定したフォルダーに移動できるアクティビティです。移動なので、元のフォルダーからファイルは削除されます。

◆[特殊フォルダーのパスを取得]
ドキュメントフォルダーなどのパスを取得できる

◆[ファイルを移動]
ファイルを指定したフォルダーに移動できる

●複数ファイルの移動
複数ファイルを移動したいときは、［繰り返し（コレクションの各要素）］と組み合わせて、ファイルの分だけ移動の処理を繰り返します。

配列に格納する

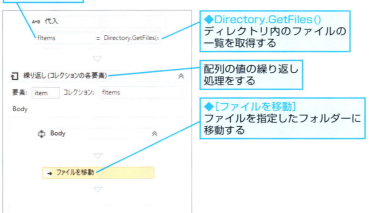

◆Directory.GetFiles()
ディレクトリ内のファイルの一覧を取得する

配列の値の繰り返し処理をする

◆[ファイルを移動]
ファイルを指定したフォルダーに移動する

特殊フォルダーのパスを取得できる

Windowsでは、［ドキュメント］や［ピクチャ］などのフォルダーが、「C:¥Users¥ユーザー名¥」のように、ユーザーごとに個別に設定されます。このようなフォルダーを「特殊フォルダー」と呼びますが、特殊フォルダーは、ユーザーだけでなく、Windowsのバージョンなどによっても変化します。このため、ファイルを操作する処理では、たとえパスが変わっても問題なくワークフローを実行できるように配慮する必要があります。UiPath Studioには［特殊フォルダーのパスを取得］アクティビティが用意されており、これを利用することで、実行環境ごとに異なる特殊フォルダーのパスを取得できます。

このレッスンで使う変数

このレッスンでは、次の変数を使います。ワークフロー内で登場する変数の用途を確認しておきましょう。fName変数については、75ページのテクニックで紹介します。

●dName
型：GenericValue
用途：［ドキュメント］フォルダーのパスを格納する

●fItems
型：Array of [T](String)
用途：フォルダ内のファイルのパスの一覧を格納する

●fName
型：GenericValue
用途：絶対パスから取り出したファイル名を格納する

1つのファイルを移動する

移動したいファイルが1つだけのときは、[特殊フォルダーのパスを取得]と[ファイルを移動]の単純な組み合わせで処理が可能です。

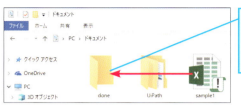

[ドキュメント]フォルダーにある[sample1.xlsm]を、同じ[ドキュメント]フォルダー内の[done]フォルダーに移動する

1 [特殊フォルダーのパスを取得]を追加する

1 [特殊フォルダーのパスを取得]をドラッグ
2 [Desktop]をクリック
3 [MyDocuments]を選択

2 [特殊フォルダーのパスを取得]の変数を設定する

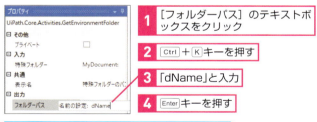

1 [フォルダーパス]のテキストボックスをクリック
2 Ctrl + K キーを押す
3 「dName」と入力
4 Enter キーを押す

「dName」変数に[ドキュメント]フォルダーのパスが格納される

3 [ファイルを移動]を追加する

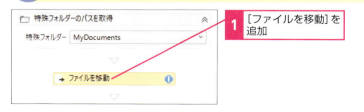

1 [ファイルを移動]を追加

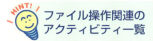

ファイル操作関連のアクティビティ一覧

UiPath Studioには、ファイルを操作するためのいろいろなアクティビティが用意されています。

- [ディレクトリを作成]
  指定した場所に新しいフォルダーを作成します。
- [パスの有無を確認]
  パスが存在するかどうかを確認します。
- [ファイルをコピー]
  指定したフォルダーにファイルをコピーします。
- [ファイルを作成]
  新しいファイルを指定したフォルダーに作成します。
- [削除]
  指定したファイルを削除します。

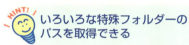

いろいろな特殊フォルダーのパスを取得できる

[特殊フォルダーのパスを取得]では、たくさんのフォルダーのパスを取得できます。主なものは次の通りです。

- MyDocuments
- Favorites
- MyMusic
- MyVideos
- DesktopDirectory
- ApplicationData
- Cookies
- Windows
- System/SystemX86
- ProgramFiles/ProgramFilesX86

手順1で[Desktop]をクリックすると、一覧が表示される

次のページに続く

4 ファイルのパスを指定する

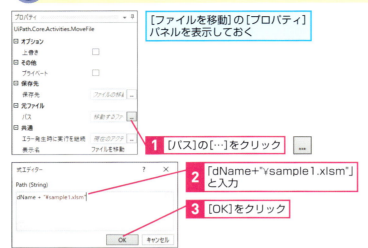

[ファイルを移動]の[プロパティ]パネルを表示しておく

1 [パス]の[…]をクリック
2 「dName+"¥sample1.xlsm"」と入力
3 [OK]をクリック

5 保存先のパスを指定する

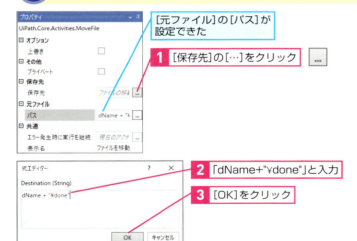

[元ファイル]の[パス]が設定できた

1 [保存先]の[…]をクリック
2 「dName+"¥done"」と入力
3 [OK]をクリック

6 パスの設定が完了した

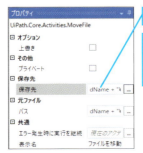

[保存先]が設定できた

[実行]をクリックすると、元ファイルのパス「C:¥Users¥ユーザー名¥Documents¥sample1.xlsm」から、保存先のパス「C:¥Users¥ユーザー名¥Documets¥done」にファイルが移動する

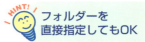 フォルダーを直接指定してもOK

ここでは、[ドキュメント]フォルダーにあるファイルを扱いましたが、[D:¥data¥sample1.xlsm] や [¥¥server¥share¥sample1.xlsm] など、フォルダーを直接指定することもできます。その場合は、手順4で[元ファイル]に直接パスを入力します。

取得したパスとファイル名を組み合わせる

[ファイルを移動]では、移動するファイルを「C:¥Users¥ユーザー名¥Documents¥sample1.xlsm」のように、フォルダー名とファイル名を組み合わせた完全な形式で指定します。このレッスンでは、[特殊フォルダーのパスを取得]でフォルダー名を「dName」変数に格納していますが、含まれるのはパス（C:¥Users¥ユーザー名¥Documents）だけなので、「+ "¥sample1.xlsm"」と追記して、「¥」とファイル名を付加する必要があります。

上書きオプションを指定できる

移動先に同名のファイルが存在するときは、手順6で[オプション]の[上書き]にチェックマークを付けることで、ファイルを上書きできます。

式エディターを使うと編集が簡単

ここでは、パスの指定に[式エディター]ダイアログボックスを使っています。もちろん、[プロパティ]パネルの入力欄に、直接、指定しても構いませんが、「+」でパスとファイル名をつなげて生成するなど、複雑な文字列の入力には、[式エディター]ダイアログボックスを使った方が入力ミスを防げます。

複数のファイルをまとめて移動する

複数ファイルの処理は、若干の工夫が必要です。あらかじめ移動元のフォルダーにあるファイルの数と名前を取得しておき、ファイルの数だけ[ファイルを移動]処理を繰り返します。

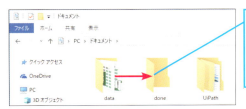

[ドキュメント]フォルダーの[data]フォルダーにあるすべてのファイルを、同じ[ドキュメント]フォルダーにある[done]フォルダーにコピーする

1 [代入]を追加する

71ページの手順1～2を参考に、[特殊フォルダーのパスを取得]を配置し、パスと変数を設定しておく

1 [代入]を追加

2 [代入]の変数を設定する

1 左のテキストボックスをクリック
2 [Ctrl]+[K]キーを押す
3 「fItems」と入力
4 [Enter]キーを押す

3 変数の型を変える

複数のファイルを格納するため、「fItems」変数を配列(Arrey of [T])に変更する

1 [変数]をクリック
2 [GenericValue]をクリック
3 [Arrey of [T]]をクリック

絶対パスと相対パス

ファイルやフォルダーを指定する方法には、絶対パスと相対パスという2種類の方法があります。絶対パスは「C:¥Users¥ユーザー名¥Documents¥UiPath¥example¥example.xls」のように、最上位の階層のドライブを基準に、目的のファイルやフォルダーまでのフォルダーを順番に記載する方法です。一方、相対パスは、特定のフォルダー(例えばワークフローが実行されているフォルダー)を基準として、目的のファイルやフォルダーを相対的に記載する方法です。例えば、[example]フォルダーに保存されているワークフローを実行している場合、同じファイルを単に「example.xls」と表記したり、現在のフォルダーを示す「.」を使って「.¥example.xls」と表記できます。なお、1つ上の階層のフォルダーは「..」を使って表現できるため、[example]フォルダーを基準とした場合、「C:¥Users¥ユーザー名¥Documents¥UiPath¥example2¥example2.xls」を「..¥example2¥example2.xls」と表すこともできます。

配列として格納する

ここでは、フォルダーに存在する複数のファイルを扱うため、ファイル名を格納するための変数を配列で用意する必要があります。変数の型で配列を示す[Array of [T]]を選択し、格納するデータ型に[String(文字列)]を指定しておきましょう。

次のページに続く

④ 変数の型の種類を設定する

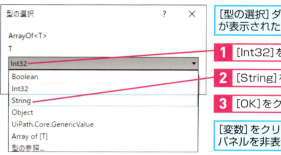

[型の選択]ダイアログボックスが表示された

1 [Int32]をクリック
2 [String]をクリック
3 [OK]をクリック

[変数]をクリックして、[変数]パネルを非表示にする

⑤ ファイルのパスを取得する

1 右のテキストボックスをクリック
2 「Directory.GetFiles(dName+"¥data")」と入力

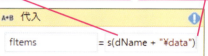

ディレクトリ内のすべてのファイルのパスを取得し、配列に格納する

⑥ 繰り返し処理を設定する

1 [繰り返し（コレクションの各要素）]を追加
2 右のテキストボックスをクリック
3 「fItems」と入力

fItems配列に格納されたファイルを1つずつ取り出して、順番に処理していく

⑦ [ファイルを移動]を追加する

1 [Body]の中に[ファイルを移動]を追加

HINT! VB.NETの関数を活用しよう

ここでは、VB.NETの関数を使って、フォルダー内のファイルの一覧を取得しています。「Directory.GetFiles()」を使って、「()」にフォルダーを指定すると、そこにあるファイルの一覧を取得できます。例えば、次の例では、フォルダーにある3つのファイルが、fItems配列に順番に格納されます。このため、fItems(0) のように番号（0から始まるので注意）を指定することで、格納されたファイル名を取り出せます。

① fItems(0)→C:¥Users¥ユーザー名¥Documents¥data¥address_list.xlsx
② fItems(1)→C:¥Users¥ユーザー名¥Documents¥data¥sample1.xlsm
③ fItems(2)→C:¥Users¥ユーザー名¥Documents¥data¥test2.xlsx

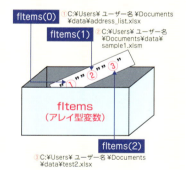

HINT! [繰り返し（コレクションの各要素）]って何？

UiPath Studioには、繰り返し処理を実行するためのアクティビティがいくつか登録されています。[繰り返し（コレクションの各要素）]は、配列やリストなどのデータの各要素を繰り返し処理するためのアクティビティです。Excelから読み出したデータテーブルを処理するときに使う[繰り返し（各行）]とは別のアクティビティとなる点に注意しましょう。

テクニック　ファイルのコピー時は、ファイル名を忘れずに

ファイルを移動ではなく、コピーしたいときは、基本的には［ファイルを移動］の代わりに「ファイルをコピー」を使うだけです。ただし、1つ注意すべき点がファイル名です。［ファイルをコピー］では、保存先の指定時に必ずファイル名も含める必要があります。［繰り返し（コレクショ ンの各要素）］の［item］には、移動元のディレクトリ名とファイル名が含まれるので、ここからVB.NETの［Path. GetFileName()］を使ってファイル名だけを取り出し、［保存先］に指定します。

「Path.GetFileName(item.ToString)」と入力して、ファイル名だけを取得する

［ファイルをコピー］の［プロパティ］パネルを表示しておく

「dName+"¥done¥"+fName」と入力してファイル名も指定する

8　元ファイルを指定する

1 ［元ファイル］の［パス］に「item.ToString」と入力

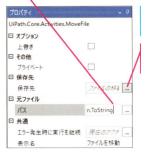

fItemsから順番に取り出されたパスの情報が、itemに格納されている

2 ［保存先］の［…］をクリック

[.ToString] を忘れずに

［繰り返し（コレクションの各要素）］では、配列から読み出したデータを順番に［item］に格納します。この［item］に格納されたデータの型は不明であるため、そのままではファイル名として扱うことができません。［ファイルを移動］のプロパティに指定するときは、［item.ToString］と、忘れずにString型に変更しましょう。

9　保存先を指定する

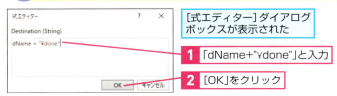

［式エディター］ダイアログボックスが表示された

1 「dName+"¥done"」と入力

2 ［OK］をクリック

［実行］をクリックすると、「C:¥Users¥ユーザー名¥Documents¥data」にあるすべてのファイルが、保存先のパス「C:¥Users¥ユーザー名¥Documents¥done」に移動する

Point

パスの扱いに注意

UiPath Studioでファイルを扱うときに、最も注意しなければならないのがパスです。ロボットの作成環境と実行環境が同じときは、意識せずに済むこともありますが、作成したロボットを社内に展開し、さまざまな環境で動かすときは、実行環境ごとにパスが変わる可能性があることを常に意識する必要があります。どの環境でも動くように作成することを常に心がけましょう。

レッスン 17

ファイルやフォルダーを削除するには

削除

ワークフローの中で、ファイルやフォルダーを削除する方法を見てみましょう。処理が終わり、不要になったファイルやフォルダーを削除できます。

［削除］でファイルやフォルダーを消せる

［削除］アクティビティは、指定したファイルを削除できる機能です。ファイルだけでなく、フォルダーも削除できます。

● ［削除］

［パス］に指定したファイルやフォルダーを削除できます。

◆［削除］
ファイルやフォルダーを削除できる

 ファイルは完全に削除される

［削除］アクティビティで削除したファイルは、［ごみ箱］に入らずに、完全に削除されます。そのため、重要なファイルを間違えて削除しないように注意してください。

 削除するファイルやフォルダーは閉じておく

削除したいファイルやフォルダーが開いていると、エラーになる場合があります。ワークフローを実行する前に、削除対象のファイルやフォルダーは必ず閉じておきましょう。

テクニック 削除前にフォルダーが空かどうかを確認しておこう

フォルダーを削除する場合は、あらかじめ、対象となるフォルダーが空かどうかを確認しておくと安心です。右の例のように、［条件分岐］を使って、フォルダーにファイルが存在するかどうかを確認し、ファイルがない場合（Else側）に［削除］を実行しましょう。ファイルが存在するかどうかのチェックには、VB.NETの「Directory.EnumerateFileSystemEntries()」を利用するといいでしょう。

1「Directory.EnumerateFileSystemEntries("d:¥temp¥dat").Any」と入力

2［Else］に［削除］を追加

1 [削除] を追加する

1 「削除」と入力

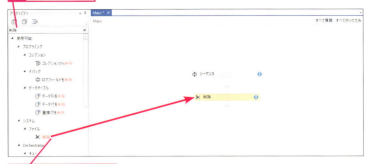

2 [削除]をドラッグ

2 パスを指定する

ここでは、Dドライブにあるの[temp]フォルダーにある[dat]フォルダーを削除する

1 [パス]の[…]をクリック

[式エディター] ダイアログボックスが表示された

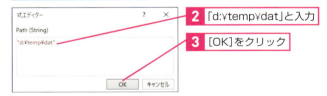

2 「d:¥temp¥dat」と入力

3 [OK]をクリック

3 パスを指定できた

[パス]が設定された

[実行] をクリックすると、Dドライブの [temp] フォルダーにある[dat]フォルダーが削除される

ファイルの場合はファイル名を指定する

ここではフォルダーを削除する方法を紹介していますが、ファイルも削除できます。ファイルを削除したいときは、手順2でファイル名まで含めたパスを指定します。

フォルダーにファイルがあっても削除される

このワークフローを実行すると、フォルダー内にファイルが存在する場合でも削除が実行されます。空のフォルダーのみを削除したいときは、あらかじめファイルを移動しておきましょう。また、前ページのテクニックを参考にフォルダーが空かどうかをチェックしてから削除を実行すると安全です。
なお、ファイルが開かれている場合、別のプロセスで使用されているため削除実行時にエラーが発生します（System.IO.IOException）。ファイルが開かれる可能性があるときは、[リトライスコープ] などを使って、再試行できるようにしておくと安心です（レッスン㉜参照）。

Point

消すのは簡単だが配慮が必要

[削除] アクティビティを使えば、ファイルやフォルダーを削除することは簡単です。しかし、フォルダーにファイルが含まれていても削除されることや、削除されたファイルやフォルダーは「ごみ箱」から戻せないことをよく理解した上で、[削除] アクティビティを使いましょう。重要なファイルを扱う場合は、ワークフロー内で自動的に削除するのではなく、移動などに留めておくのが安心です。

レッスン 18

必要な値の入力時に音が鳴るようにするには

警告音

UiPath Studioでは、完全な自動化だけでなく、ユーザーとの対話をしながら処理を実行できます。メッセージと一緒に音を出す方法を見てみましょう。

［警告音］で注意喚起する

UiPath Studioでは、［メッセージボックス］を表示して、ユーザーに情報を示したり、［入力ダイアログ］で値の入力を求めたりすることができますが、画面だけでは気付かないこともあります。一緒に音を鳴らすようにすると、ユーザーが気付きやすくなります。

● ［警告音］

Windowsの［一般の警告音］に設定されているサウンド（Windows 10の標準は「Windows Background.wav」）が鳴ります。

◆［警告音］
音でユーザーの注意を引くことができる

このレッスンで使う変数

このレッスンでは、次の変数を使います。ワークフロー内で登場する変数の用途を確認しておきましょう。

● inNum
型：GenericValue
用途：［入力ダイアログ］で入力された値を格納する

テクニック　複数の選択肢から選ぶダイアログを表示するには

ここでは、［入力ダイアログ］に数値を入力してもらっていますが、これを候補から選ぶ形に変更することもできます。右の画面のように、［プロパティ］パネルの［オプション］に「{"100","300","500"}」と、「{}」で候補を記入しておくと、選択する方式に変更されます。

1 ［オプション］のテキストボックスをクリック
2 「{"100","300","500"}」と入力

「100」「300」「500」から選べるようになった

1 [入力ダイアログ] を追加する

1 [入力ダイアログ]を追加

2 表示メッセージと変数を設定する

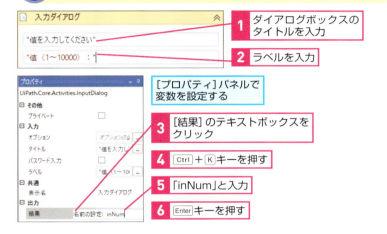

1 ダイアログボックスのタイトルを入力
2 ラベルを入力
[プロパティ]パネルで変数を設定する
3 [結果] のテキストボックスをクリック
4 Ctrl + K キーを押す
5 「inNum」と入力
6 Enter キーを押す

3 [警告音] を追加する

1 [入力ダイアログ]の上に[警告音]を追加

4 表示されたダイアログボックスを確認する

1 画面左上の[実行]をクリック

警告音が鳴り、入力ダイアログボックスが表示された

 音を変更するには

[警告音]では、音を選択できません。Windowsの設定音がそのまま鳴るため、鳴る音を変えたいときは、Windowsの設定を変更する必要があります。まず、[設定]の画面の[個人用設定]にある[テーマ]で[サウンド]を選択します。続いて、[サウンド]タブを開き、[プログラムイベント]の一覧から[一般の警告音]を選んで、[サウンド]の一覧から音を変更します。[適用]ボタンをクリックしてから、ワークフローを実行すると、設定した音が鳴るようになります。

[サウンド]ダイアログボックスで[一般の警告音]を選択する

[サウンド]のここをクリックして音を選択する

Point

インタラクティブな自動化にも挑戦しよう

このレッスンで紹介した[警告音]や[入力ダイアログ]を活用すると、自動化処理の合間に、ユーザーとの対話を含められます。RPAというと完全な自動化を思い浮かべる人が多いかもしれませんが、業務によっては人間による確認や選択が必要なことも多くあります。人間が対話に気づかず、処理が途中で止まってしまうことがないように[警告音]で確実に操作してもらえるように工夫しましょう。

この章のまとめ

よく使うテクニックを押さえておこう

普段の業務を自動化しようとすると、そこにはいろいろな壁が立ちふさがることがあります。ワークフローを分かりやすく作成するにはどうすればいいのか？ 日付や時刻をどう扱えばいいのか？ 条件によって処理を分岐させるにはどうすればいいのか？ ファイルやフォルダーの操作をどうすればいいのか？

などなど。この章では、こうした基本的な処理について解説しました。どのレッスンも、シンプルながら、実際の業務の自動化に役立つ機能ですので、その使い方を押さえておくといいでしょう。

基本的なテクニックを確認する

［注釈］や［コメント］でワークフローを分かりやすく見せたり、［DateTime.Now］で日付や日時を扱ったりすることもできる

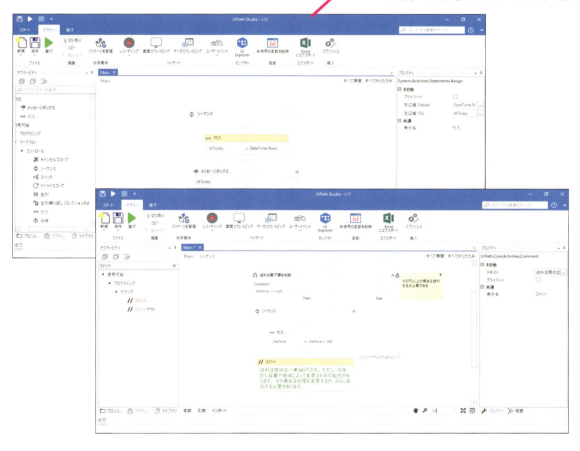

第3章 Excelと連携しよう

Excelを使った業務の自動化に挑戦してみましょう。この章では、Excelデータに対してどうやってデータを読み書きするのかという基本から、マクロを実行する方法や、ExcelのデータをもとにWebアプリに自動的にデータを入力する方法など、より実践的なExcelとの連携について解説します。

●この章の内容
⓳ Excelからデータを取得するには ……………………82
⓴ Excelにデータを書き込むには ……………………………86
㉑ Excelのマクロを実行するには ……………………………90
㉒ ExcelのデータをWebアプリに入力するには………92

レッスン 19

Excelからデータを取得するには
Excelデータの読み込み

一般的な業務では、さまざまな形でExcelのデータを利用するケースがよくあります。Excelのデータを読み込むいろいろな方法を見てみましょう。

範囲やセルの値を読み込める

Excelのデータから、どのようなデータを読み取るかによって、アクティビティも使い分けます。特定のセルだけ読み込む場合と、一定の範囲を読み込む場合の方法を確認しましょう。

● ［Excel］の［セルを読み込む］

［Excel］の［セルを読み込む］は指定したセルのデータをピンポイントで読み込むアクティビティです。

◆［セルを読み込む］
特定のセルのデータだけを読み出せる

取り出したデータは変数に格納して利用できる

● ［Excel］の［範囲を読み込む］

表形式のデータをまるごと読み込みたいときは［Excel］の［範囲を読み込む］で複数のセルの情報をまとめて取得します。

◆［範囲を読み込む］
表形式のデータをテーブルに格納できる

テーブルの行と列を指定してデータを取り出せる

 Excelがない環境の場合は

［セルを読み込む］や［範囲を読み込む］といったExcel関連の機能は、同じ名前のアクティビティとして2つの種類が登録されています。［Excel］配下に登録されているアクティビティはExcelの起動中に動作します。Excelを起動して値を読み込むため、必ず［Excelアプリケーションスコープ］内に配置しましょう。一方、［ワークブック］配下にあるアクティビティは、Excelのファイルから直接データを読み込みます。［Excelアプリケーションスコープ］外でも動作するうえ、パソコンにExcelがインストールされていなくても利用できます。ただし、利用できるアクティビティが限られており、マクロの起動など高度な処理はできません。ここでは、Excel配下のアクティビティを利用しますが、同じことはワークブック配下のアクティビティでも実現できます。

 このレッスンで使う変数

このレッスンでは、次の変数を使います。ワークフロー内で登場する変数の用途を確認しておきましょう。

●getAmount
型：GenericValue
用途：読み込んだセルの値を格納する

●expTable
型：DataTable
用途：読み込んだ範囲（表）の値を格納する

特定のセルの値を読み込む

請求書や見積書のような文書形式のデータから金額のデータを読み取りたいときは、[Excel]の[セルを読み込む]で特定のセルの値を読み取るときに使います。

1 [Excelアプリケーションスコープ]を追加してファイルを指定する

| 「UiPath Demo」(http://www.expense-demo.com/)にアクセスして[サンプルのダウンロード]をクリックする | ダウンロードしたサンプルファイル[data.xlsx]を、UiPath Studioのプロジェクトのフォルダーに移動しておく |

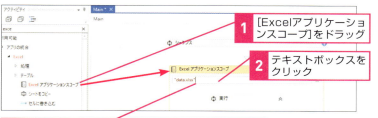

1 [Excelアプリケーションスコープ]をドラッグ
2 テキストボックスをクリック
3 Excelのファイル名(ここでは「"data.xlsx"」)を入力

2 [Excel]の[セルを読み込む]を追加して設定する

1 [実行]の中に[セルを読み込む]を追加
2 「"A1"」のテキストボックスをクリック
3 「"C3"」と変更

レッスン❾の36ページを参考に、[結果]に「getAmount」変数を設定する

Excelの[Sheet1]シートのセルC3の値が「getAmount」変数に格納される

3 読み込んだデータを確認する

1 [セルを読み込む]の下に[1行を書き込み]を追加
2 「getAmount」と入力

実行後、画面左下にある[出力]をクリックし、[出力]パネルで値を確認すると、セルC3に入力されている「7590」の値が表示される

HINT! [...]でファイルを指定できる

手順1の操作3で、[Excelアプリケーションスコープ]の右側にある[...]をクリックすると、エクスプローラーを使って開くファイルを指定できます。また、「"D:¥data¥data.xlsx"」のようにパスを直接指定することも可能です。通常は、ファイルの場所を明らかにするために、絶対パスでファイルを指定するようにしましょう。

HINT! Excelファイルを閉じておこう

ワークフローを実行するときは、参照先のExcelのファイルを閉じておきましょう。開いたままワークフローを実行すると、同名のファイルを開けないため、処理が中断されてしまいます。

HINT! 文字列型に変換しなくても大丈夫

[セルを読み込む]で取得したデータは、GenericValue型の変数に格納されます。このため、[1行を書き込み]などで表示する際に、[.ToString]を付けて文字列型に変更する必要はありません(ただし、変更しても問題ありません)。次ページで解説する[範囲を読み込む]の場合は、データテーブル型で格納されるため、表示のときなどに[.ToString]が必要です。

HINT! [1行を書き込み]って何?

手順3の操作1で追加している[1行を書き込み]アクティビティは、UiPath Studioの[出力]パネルに結果を表示するためのアクティビティです。変数の値を確認したいときなどに利用します。

次のページに続く

［範囲を読み込む］でデータをまとめて取得する

［Excel］の［範囲を読み込む］はExcelのシート全体や指定した範囲のデータをまとめて取得するアクティビティです。売り上げや在庫など表形式のデータを扱う場合に利用します。

1 ［Excelアプリケーションスコープ］を追加してファイルを指定する

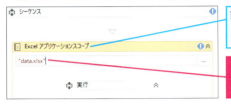

前ページの手順1を参考に、［Excelアプリケーションスコープ］を追加する

1 Excelのファイル名（ここでは「"data.xlsx"」）を入力

2 ［Excel］の［範囲を読み込む］を追加して設定する

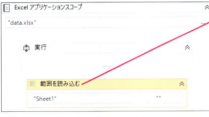

1 ［実行］の中に、［Excel］の［範囲を読み込む］を追加

レッスン❾の36ページを参考に、［データテーブル］に「expTable」変数を設定する

Excelの［Sheet1］シートのデータすべてが「expTable」に格納される

3 読み込んだデータテーブル上の特定の値を取り出す

手順2で読み込んだExcelファイルの［Sheet1］シートにあるセルC3の値を取り出す

1 ［範囲を読み込む］の下に［1行を書き込み］を追加

2 「expTable.Rows(1).Item(2).ToString」と入力

実行後［出力］パネルで値を確認すると、セルC3に入力されている「7590」が表示される

Rowsやltemの値を変更すると、ほかのセルの値も取り出せる

 読み込むワークシートを指定するには

標準では［"Sheet1"］シートのデータが読み込まれます。ほかのワークシートのデータを読み込むときは、手順2で［"Sheet2"］としたり、［"データ"］などのシート名を指定して読み込みます。また、右側のテキストボックスにある［""］を［"A1:D5"］のように変更して、読み込むセル範囲の指定も可能です。

1行目はヘッダーとして扱われる

標準では、表の1行目がヘッダー（見出し）として扱われます。もしも、ヘッダーではなく、データとして扱いたいときは、［範囲を読み込む］を選択後、［プロパティ］パネルの［オプション］にある［ヘッダーの追加］のチェックマークをはずします。

 読み込んだデータを処理するには

読み込んだデータを順番に処理したいときは、［繰り返し（各行）］と組み合わせます。詳しくはレッスン❿を参照してください。

Point

Excelのデータも自由自在

［Excel］の［セルを読み込む］や［範囲を読み込む］を使うと、Excelのデータを簡単にUiPath Studio上に読み込めます。普段、Excelで管理しているデータや過去に作成したデータ、取引先から送られてきたデータなどがある場合も、UiPath Studioなら簡単に自動化できます。身の回りにあるExcelのデータをそのまま活用して、業務の効率化を目指しましょう。

テクニック　行と列で構成されるデータがデータテーブル

［範囲を読み込む］で取得したExcelのデータは、データテーブルとして格納されます。データテーブルは、行と列で構成される表形式の配列データです。「Row」で行を、「Item」で列を指定し、それぞれ「( )」の中に番号を指定することで、必要なデータを特定できます。ただし、Excelの表と異なり、番号が「0」から開始されるのがポイントです。1行目は「Row(1)」ではなく「Row(0)」となります。

RowとItemでデータテーブルのデータを指定できる

1行目を列見出しと認識するよう、プロパティで設定できる

データテーブルでは、データの開始行を0から数えるので、Excelとの違いに注意する

データテーブルに表形式のデータを格納する

テクニック　こんなにあるExcel関連のアクティビティ

UiPath Studioには、Excelのデータを扱うためのたくさんのアクティビティが用意されています（画面参照）。データの読み取りや書き込みだけでなく、マクロを実行したり、ピボットテーブルを扱うこともできます。

テクニック　列番号の代わりに見出しの名前を使える

Excelのヘッダーを取得してある場合は（標準設定）、[Item(2)]と列番号を指定する代わりに、[Item("金額")]と見出しの名前でデータを指定することもできます。名前で指定した方が、後からワークフローを修正したり、変更するときに、分かりやすくなります。なお、名前で指定するときは、必ず「""」で囲むことを忘れないようにしましょう。

列見出しの名前でデータを指定できる

レッスン 20

Excelにデータを書き込むには

Excelデータの書き込み

Excelにデータを書き込んでみましょう。Excelのデータを読み込んだときと同じように、セルや範囲を指定して、データを書き込むことができます。

■ セルや範囲を指定してデータを書き込める

Excelを使った業務の自動化では、読み込みだけでなく、書き込みも欠かすことができない重要な処理となります。例えば、参照元のExcelリストに処理済みのタイムスタンプを記入したり、Webから取得した表データをExcelに出力したりと、いろいろな活用ができます。

● [Excel] の [セルに書き込む]

[Excel] の [セルに書き込む] は、指定したセルにデータを書き込みたいときに使うアクティビティです。

◆[セルに書き込む]
特定のセルにデータを書き込める

データを書き込むセルを指定する

● [Excel] の [範囲に書き込む]

データテーブルなど、UiPath Studioで処理した配列形式のデータを丸ごとExcelに書き込むことができます。

◆[範囲に書き込む]
データテーブルのデータを丸ごと書き込む

書き込みたいデータをデータテーブルで指定する

💡 HINT! ワークブック配下のアクティビティもある

前のレッスンで紹介した読み込み処理と同様に、書き込みの処理も、ワークブック配下とExcel配下の2種類のアクティビティがあります。ここではExcel配下のアクティビティを使いますが、Excelがインストールされていない環境やExcelを起動せずに値を書き込みたい場合はワークブック配下のアクティビティを使いましょう。

💡 HINT! このレッスンで使う変数

このレッスンでは、次の変数を使います。ワークフロー内で登場する変数の用途を確認しておきましょう。

● InputDate
型：GenericValue
用途：書き込みたいセルの値を格納する

● expTable
型：DataTable
用途：書き込みたいデータテーブルの値を格納する

セルに値を書き込む

セルを指定してデータを書き込んでみましょう。例として、Excelリスト読み込み→UiPath Studio処理→Excelリスト書き戻しという処理を想定し、最後のリストへの処理済みタイムスタンプの書き込み方法を紹介します。

1 [Excelアプリケーションスコープ] と [代入] を追加する

レッスン⓲を参考に、ダウンロードしたサンプルファイル [data.xlsx] を、UiPath Studioのプロジェクトのフォルダーに移動しておく

1 [Excelアプリケーションスコープ]を追加
2 Excelのファイル名（ここでは「"data.xlsx"」）を入力
3 [代入]を追加

2 書き込むデータを指定する

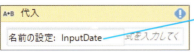

レッスン⓾を参考に、左のテキストボックスをクリックして「InputDate」変数を設定する

1 Excelに入力する値（ここでは「"20181003"」）を入力

3 [Excel] の [セルに書き込む] を追加する

1 [代入]の下に [Excel]の [セルに書き込む] をドラッグ

2 「"E3"」と入力
3 「InputDate」と入力

画面左上の[実行]をクリックすると、[data.xlsx]のセルE3に「20181003」と書き込まれる

HINT! 数式も書き込める

ここでは、セルに日付を表す文字列を書き込みましたが、Excelで利用可能な式を書き込むこともできます。例えば、「"=AVERAGE(C2:C4)"」と入力すれば、Excelの値を使って平均を求められます。

HINT! 範囲指定すると同じ値を入力できる

手順3の操作2で、「"E2:E4"」と指定するとセルE2～E4を同じ値で埋めることができます。また、「"E2,E4"」とすると、セルE2とセルE4に同じ値を入力できます。

HINT! 日付を自動的に取得するには

ここでは、日付を手動で指定していますが、実行日の日付を自動的に取得して入力することもできます。詳しくはレッスン⓬やレッスン⓭を参照してください。

次のページに続く

範囲を書き込む

表やリストなど、配列型のデータの書き込みには［範囲を書き込む］を使います。ここでは、読み込んだ表形式のデータの一部を書き換えて、全体を書き戻してみます。

1 ［Excelアプリケーションスコープ］を追加してファイルを指定する

前ページの手順1を参考に、［Excelアプリケーションスコープ］を追加する

1 Excelのファイル名（ここでは「"data.xlsx"」）を入力

2 ［Excel］の［範囲を読み込む］を追加して設定する

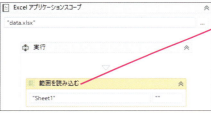

1 ［実行］の中に、［Excel］の［範囲を読み込む］を追加

レッスン❾の36ページを参考に、［データテーブル］に「expTable」変数を設定する

ExcelファイルのSheet1のデータ全体が「expTable」に格納される

3 ［代入］を追加して特定の値を書き換える

手順2で読み込んだExcelファイルの［Sheet1］シートにあるセルC3の値を「7590」から「6800」に書き換える

1 ［範囲を読み込む］の下に［代入］を追加

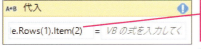

2 左のテキストボックスに「expTable.Rows(1).Item(2)」と入力

RowsやItemの値を変更すると、ほかのセルの値も取り出せる

3 右のテキストボックスに「"6800"」と入力

HINT! ヘッダーに注意

［Excel］の［範囲を読み込む］では、標準では表の1行目が見出しとして扱われます。元のExcelデータに見出しがないときは、［範囲を読み込む］のプロパティで［ヘッダーの追加］のチェックマークを外しておきましょう。なお、いずれの場合も、読み込みと書き込みでヘッダーの有無の設定を同じにしておくことが大切です。

HINT! 読み込みについて詳しく知りたいときは

Excelデータの読み込みについては、レッスン❾やレッスン⓳で詳しく解説しています。読み込みについては詳しく知りたいときは、そちらも参照してください。

テクニック ワークシートをコピーしてバックアップしておこう

ここで取り上げたような書き込み処理を日々、繰り返す場合、書き込み先のExcelファイルを上書きすることになります。データを上書きしたくないときは、書き込み処理の前に、Excelのワークシートをコピーしてバックアップとして保管しておくといいでしょう。[シートをコピー] アクティビティを使えば、ワークシートを簡単にコピーできます。

1 [代入] の下に [シートをコピー] を追加

2 コピー先のシート名（ここでは「"backup"」）を入力

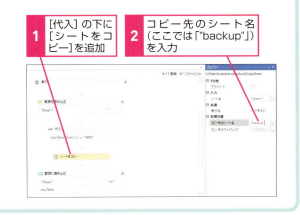

4 [Excel] の [範囲に書き込む] を追加する

1 [代入]の下に、[Excel]の[範囲に書き込む]をドラッグ

2 「expTable」と入力

HINT! ワークシートや書き込みの起点となるセルを指定できる

手順4や手順5では、書き込み先のExcelのワークシートやセル（左上の開始点のセル）を指定できます。標準では、[Sheet1] シートのセルA1からデータが書き込まれます。別のワークシートや別のセルに書き込みたいときは、ここで指定しましょう。

5 書き込むデータテーブルを指定する

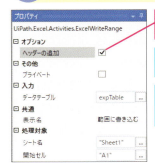

1 [ヘッダーの追加] をクリックしてチェックマークを付ける

読み込み時にヘッダーを追加していない場合は、チェックマークを付けなくてもいい

画面左上の [実行] をクリックすると、[data.xlsx] のセルC3の値が「6800」に書き換えられる

Point

情報の保存先として使える

業務の自動化では、UiPath Studioで処理したデータを最終的に人が確認できる形にしたり、長期間保管できる形で残したりする必要があります。こうしたケースで簡単に使えるのがExcelです。[セルに書き込む] や [範囲に書き込む] で、いろいろなデータを書き込む方法を確認しておきましょう。

レッスン 21

Excelのマクロを実行するには

マクロを実行

業務で使われているExcelファイルの中には、マクロによって複雑な処理をしているものもあります。こうしたマクロをUiPath Studioから実行してみましょう。

Excelのマクロを実行できる

Excelを使った業務の自動化をするときは、マクロをどう扱うかを検討する必要があります。マクロと同じ処理をUiPath Studioで作成するのも1つの方法ですが、［マクロを実行］アクティビティでExcelのマクロをそのまま活用することもできます。

マクロ名をメモしておこう

［マクロを実行］でExcelのマクロを呼び出すには、マクロの名前を指定する必要があります。マクロが保存されているファイルをExcelで開いて、［表示］タブの［マクロ］ボタンをクリックし、［マクロ名］に表示されるマクロ名を確認しておきましょう。

◆［マクロを実行］
Excelに記録されているマクロを実行できる

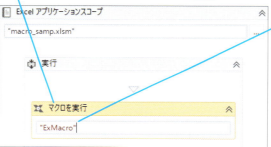

実行したいマクロの名前を指定する

テクニック マクロに引数を渡したいときは

マクロには引数を渡すことができます。UiPath Studioで処理した値をマクロに直接渡したいときは、マクロ側で引数を受け付ける指定をしてから、［マクロを実行］のプロパティの［マクロパラメーター］に引数を指定します。

●「引数」と「戻り値」のイメージ

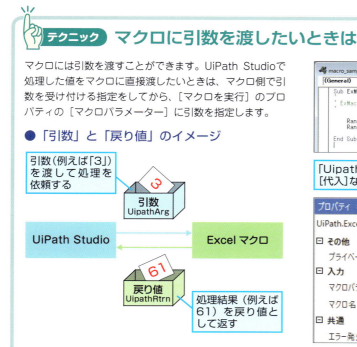

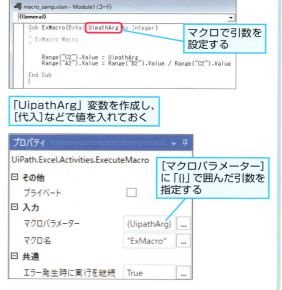

マクロで引数を設定する

「UipathArg」変数を作成し、［代入］などで値を入れておく

［マクロパラメーター］に「{}」で囲んだ引数を指定する

1 [Excelアプリケーションスコープ] を追加する

マクロ有効Excelファイルを作成し、プロジェクトのフォルダーに移動しておく｜ここでは [macro_samp.xlsm] というファイルを利用する

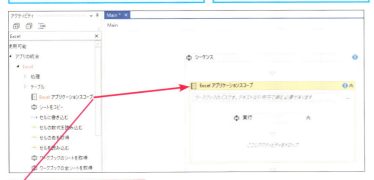

1 [Excelアプリケーションスコープ]をドラッグ

2 ["macro_samp.xlsm"]と入力

2 [マクロを実行] を追加する

1 [Excel]の[処理]をクリック
2 [マクロを実行]をドラッグ

3 Excelのマクロ名を指定する

1 ["ExMacro"]と入力

[実行]をクリックすると、マクロが実行される

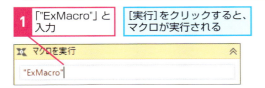

HINT! マクロ名は「""」で囲む

手順3でマクロ名を指定するときは、必ず「""」で囲みます。「""」がないとマクロが実行されないので注意しましょう。

HINT! マクロの実行時にエラーが発生したときは

マクロのエラーは、Excel内で発生するため、UiPath Studio側でこれを自動的に検知することはできません。レッスン㉛を参考にExcelで表示されるエラー画面を検知する仕組みを入れるなどの工夫が必要です。

Point

Excelの資産を生かせる

企業によっては、さまざまな業務にExcelのマクロが使われていることがあります。こうした処理を別のシステムに置き換える方法もありますが、コストがかかる上、用途が狭いマクロや頻繁なメンテナンスが必要なマクロへの対応も困難です。UiPath Studioでは、Excelのマクロを呼び出せるため、こうした資産を残したままで業務の自動化が可能です。もちろん、将来的な見直しは必要ですが、移行までのつなぎとしてマクロを活用し続けるのも1つの選択です。

レッスン 22

Excelのデータを Webアプリに入力するには

Excelデータからの入力

Excelから読み込んだ表形式のデータを、順番に処理してみましょう。繰り返し処理には、［繰り返し（各行）］アクティビティを使います。

データテーブルを繰り返し処理する

［繰り返し（各行）］はExcelから読み込んだデータテーブルの情報を繰り返し処理できるアクティビティです。例えば、経費の種類や金額などをメモしたリストを読み込んで、請求書発行用のWebアプリに一括登録できます。

● ［繰り返し（各行）］
データテーブルの値を1行ずつ読み込んで、順番に処理するアクティビティです。

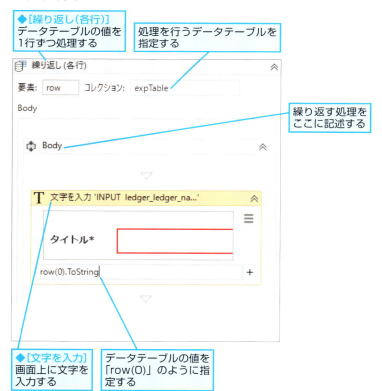

◆［繰り返し（各行）］
データテーブルの値を1行ずつ処理する

処理を行うデータテーブルを指定する

繰り返す処理をここに記述する

◆［文字を入力］
画面上に文字を入力する

データテーブルの値を「row(0)」のように指定する

HINT! 繰り返し処理にはいろいろある

UiPath Studioでは、用途に応じて複数の繰り返し処理が用意されていますが、表形式のデータテーブルを1行ずつ処理したいときは、［繰り返し（各行）］を使います。ほかには、以下のようなアクティビティを使って繰り返し処理を行うことができます。

・［繰り返し（コレクションの各要素）］
データの集合について、コレクションの最後の要素の処理が終わるまで処理を繰り返します。

・［並列繰り返し（コレクションの各要素）］
［繰り返し（コレクションの各要素）］の処理を複数、並列的に処理します。

・［繰り返し（前判定）］
ある条件が成立するまで処理を繰り返します。条件を実行前に判定します。実行前に判定するので、条件を満たしていれば一度も処理が行われない場合もあります。

・［繰り返し（後判定）］
ある条件が成立するまで処理を繰り返します。条件を実行後に判定します。実行後に判定するので、必ず一度は処理が行われます。

HINT! このレッスンで使う変数

このレッスンでは、次の変数を使います。ワークフロー内で登場する変数の用途を確認しておきましょう。

● expTable
型：DataTable
用途：Excelから読み込んだ表形式のデータを格納する

Excelの読み込みとブラウザーの起動

ここでは、UiPath Demoサイトで公開されている経費登録アプリを使います。まずは、入力元となるExcelファイルを開き、入力先のWebアプリを開きましょう。

1 [Excelアプリケーションスコープ] を追加する

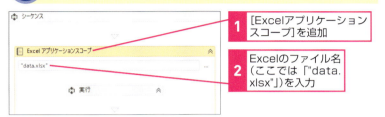

1 [Excelアプリケーションスコープ]を追加
2 Excelのファイル名（ここでは「"data.xlsx"」）を入力

2 [範囲を読み込む] を追加する

1 [実行] の中に [範囲を読み込む]を追加

レッスン❾の36ページを参考に、[データテーブル]に「expTable」変数を設定する

Excelの [Sheet1] シートにあるすべてのデータが「expTable」変数に格納される

3 [ブラウザーを開く] を追加する

1 [ブラウザーを開く]を追加

デモのWebアプリ (http://www.expense-demo.com/)にデータを入力するよう指定する

2 [「http://www.expense-demo.com/」と入力

HINT! Internet Explorerを使う

UiPath Studioは、いろいろなブラウザーに対応しています。[スタート] タブの [ツール] 画面から拡張機能をインストールすれば、「Chrome」や「Firefox」を使うこともできます。ただし、アップデートによってブラウザーの機能やUIが変更されると、作成したワークフローがうまく動作しなくなってしまうことがあるため、「Internet Explorer」のように変更がないブラウザーを使った方が安定してワークフローを実行できます。

HINT! URLは「""」で囲む

[ブラウザーを開く] でWebページを表示するときは、開きたいWebページのURLを「""」で囲む必要があります。そのまま指定すると正しく動作しないので注意しましょう。

次のページに続く

入力画面を表示する

Webアプリを自動的に操作して、データ入力画面まで遷移させましょう。［クリック］アクティビティで画面上の要素を自動的に操作させます。

［クリック］を追加する

1 ［Do］の中に［クリック］を追加

2 ［ブラウザー内に要素を指定］をクリック

2 クリックする場所を指定する

Internet ExplorerでデモのWebアプリ（http://www.expense-demo.com/）のトップページを表示しておく

1 ［経費を登録する］をクリック

クリックする場所が指定できた

Internet Explorer上でも［経費を登録する］をクリックしておく

3 入力画面を表示するまでの処理を作る

手順1～2を参考に［クリック］を追加し、［経費一覧］の画面で［明細を登録する］を指定する

Internet Explorer上でも［明細を登録する］をクリックしておく

 どの操作を繰り返すかを検討しよう

繰り返し処理を作成するときは、全体の操作の中のどの部分を繰り返すかを事前によく考えておく必要があります。例えば、このレッスンのアプリでは、データ入力画面を表示するまでは繰り返す必要はなく、実際にデータを入力する部分を繰り返します。このため、このページで紹介したアクティビティは、［繰り返し（各行）］の中ではなく、外側に記述します。

 クリックできないときは

ここで使うアプリは問題ありませんが、操作対象のアプリによっては、［クリック］で［ブラウザー内に要素を指定］を選択しても、画面上のボタンなどをうまく選択できないことがあります。このような場合は、［クリック］ではなく、［画像をクリック］を利用して、UiPath Studioに画面上のUIを画像として認識させてみましょう。

 選択モード中に一時的に画面操作をしたいときは

手順1で［ブラウザー内に要素を指定］を選択すると、デスクトップが選択モードになり、マウスでクリックした部分が操作対象として選択されます。このため、例えばクリックしたときだけ表示されるメニューの一項目を選択したい場合、そのままではメニューの項目を選択できません。選択モード中に F2 キーを押すと、3秒間の猶予ができ、その間に画面上を自由に操作できるので、この隙にクリックしたときだけ表示されるメニューを表示し、カウントダウンが終了したタイミングで、表示したメニューの項目をクリックして指定します。

繰り返し処理を記述する

入力画面を表示できたら、いよいよ繰り返し処理を記述します。[繰り返し（各行）]を配置して設定しましょう。

1 [繰り返し（各行）]を追加する

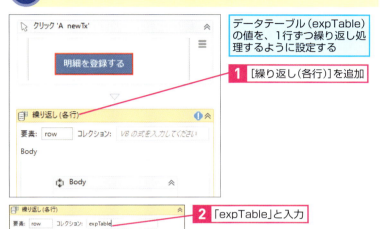

データテーブル（expTable）の値を、1行ずつ繰り返し処理するように設定する

1 [繰り返し（各行）]を追加
2 「expTable」と入力

2 [文字を入力]を追加する

1 [文字を入力]を[Body]の中に追加
2 [ブラウザー内に要素を指定]をクリック

3 入力先を指定する

[経費登録]の画面を表示しておく

1 [タイトル]のテキストボックスをクリック

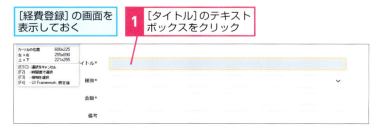

HINT! データテーブルの構造をイメージしよう

データテーブルは、行と列のデータによって構成されていますが、この行の要素を示すのが[row]です。[row(0)]や[row(2)]とすることで、現在選択されている行の1番目(0)のデータや3番目(2)のデータを指定できます。

1回目の入力で「Row（1）」にあたる列では、「その他」が入力される

HINT! [文字を入力]って何？

[文字を入力]は、テキストボックスなど、画面上の指定した部分に文字を入力するためのアクティビティです。ここでは、ブラウザーに表示されたWebアプリに文字を入力していますが、Windows用のアプリなど、いろいろな対象に文字を入力できます。

次のページに続く

タイトルに入力する変数を指定する

クリックする場所が指定できた

Excelファイルに入力されたデータテーブルの最初の列(row(0))の値を、文字型に変換して入力する

1 「row(0).ToString」と入力

「交際費」が入力される

 [row(0).ToString] で何が入力されるの？

［繰り返し（各行）］では、データテーブルのデータを1行ずつ読み込んで処理します。［row(0)］は、現在読み込まれている行の1番目のデータを示します。ここで利用しているサンプルデータ（data.xlsx）では、1行目（最初の行は見出しとして扱われるため実際には2行目）は「交際費, その他, 5030」という配列データになっています。row(0)は、この1番目を示すので「交際費」が格納されます。

[項目を選択] を追加する

レッスン⑩の42ページを参考に［項目を選択］を追加し、「種別」のテキストボックスを指定しておく

1 テキストボックスの「""」を削除

2 「row(1).ToString」と入力

 「.ToString」って何？

「.ToString」は指定した変数の値を文字列に変換するための記述です。「row(0)」は配列型の変数のため、そのままでは格納されたデータを文字列として扱うことができません。このため、「.ToString」を追加して文字列として扱えるようにしています。

必須項目の入力処理までを設定する

前ページの手順2～3を参考に［文字を入力］を追加し、［金額］のテキストボックスを指定しておく

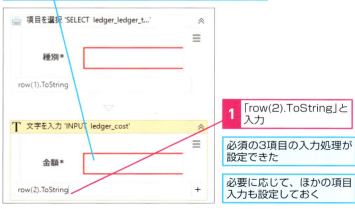

1 「row(2).ToString」と入力

必須の3項目の入力処理が設定できた

必要に応じて、ほかの項目入力も設定しておく

 選択肢を選ぶときは [項目を選択] を使う

ここで使うWebアプリでは、［種別］の項目が、いくつかの選択肢から項目を選ぶリストボックスになっています。このように選択形式の対象を操作するときは、［項目を選択］アクティビティを使います。なお、選択する値は、必ず操作対象側（ここではWebアプリの種別の項目）のリストにあるものを指定する必要があります。

入力を確定して次の入力画面まで操作する

データテーブルから読み込んだ1行のデータを処理したら、次の行のデータに切り替えるための操作をします。入力を確定し、再び入力画面を表示しましょう。

1 ［クリック］を追加する

94ページの手順1～2を参考に［クリック］を追加し、［登録する］を指定する

Internet Explorer上で［タイトル］［種別］［金額］欄に、それぞれ値を入力し、［登録する］ボタンをクリックしておく

2 ［経費一覧］の画面に戻る処理を追加する

1 ［クリック］を追加

2 ［ブラウザー内に要素を指定］をクリック

Internet Explorerの［経費照会］の画面が表示された

3 ［戻る］をクリック

Internet Explorer上でも［戻る］をクリックしておく

3 経費の入力画面に戻る

手順2を参考に［クリック］を追加し、［経費一覧］の画面で［明細を登録する］を指定する

［明細を登録する］を指定すると、95ページの手順3の画面が表示され、次のデータを入力できるようになる

HINT! 繰り返す範囲を確認しておこう

繰り返される処理は、［繰り返し（各行）］の中に入っている必要があります。ここで紹介したアプリでは、［タイトル］の入力から［明細を登録する］をクリックするまでの一連の手順を繰り返します。これらの手順が［繰り返し（各行）］に入っていないと、意図しない動作になります。

Point

Excelの繰り返しは定番処理

このレッスンで紹介した、Excelのデータを読み込んでアプリに入力するという操作は、実際の業務でも非常に多く見られる、いわば定番処理です。データテーブルの考え方と［繰り返し（各行）］の使い方さえ理解できれば簡単に作成できるので、手順をよく確認しておきましょう。

この章のまとめ

実践で役立つ Excel の自動化

Excelを使った作業は、どのような組織でも行われている汎用的な業務であるうえ、頻繁に発生する操作の1つです。こうした業務の自動化は、誰にでも体験しやすく、その効果も測定しやすいため、RPA導入の最初のステップとして適しています。この章で紹介したように、UiPath Studioには、Excelを操作するためのさまざまなアクティビティが用意されています。データの読み書きだけでも、その対象をセルや範囲で指定できるなど、いろいろな方法が用意されており、マクロも使用できます。業務を想定したWebアプリとの連携方法も紹介していますので、ぜひワークフロー作成時の参考にしてください。

Excel での煩雑な業務を自動化できる

［範囲を読み込む］などで Excel からデータを読み込めるほか、Excel で作成されたマクロを UiPath Studio から実行できる

第3章 Excel と連携しよう

第4章

メールやWebサイトと連携したい

自動化処理の範囲を、メールやWebページにまで広げてみましょう。この章ではメールを使ってデータを送信したり、Webページから情報を自動的に取得したりする基本的な方法に加えて、Webページの操作で困りがちな問題への対処方法やワークフローの処理を抽出して呼び出す方法といった、さらに実践的なテクニックについても解説します。

●この章の内容

㉓ メールを送信するには……………………………………100
㉔ メールの本文や添付ファイルを読み取るには……102
㉕ Webページから表データを読み取るには…………106
㉖ 特定の処理を抽出して呼び出すには………………110
㉗ 思い通りに文字が入力できないときは……………114
㉘ クリックする場所をピクセル単位で
　 調整するには……………………………………………118
㉙ 目印の画像の近くをクリックするには……………120
㉚ 近くの要素を手がかりに特定要素を
　 操作するには……………………………………………124

レッスン 23

メールを送信するには

メール送信

ワークフローの中でメールを送ってみましょう。例えば、処理の中で生成したデータを添付ファイルとして送ることなどができます。

Outlookでメールを送る

UiPath Studioには、メールを送る方法がいくつか用意されていますが、手軽なのはOutlookを使う方法です。あて先や本文、添付ファイルなどを指定してメールを送れます。

● [Outlookメールメッセージを送信]

パソコンにインストールされているOutlookを制御してメールを送信します。

◆[Outlookメールメッセージを送信]
Outlookを使ってメールを送信する

あて先や件名、本文を指定してメールを送信する

HINT! SMTPやExchangeも使える

ここでは、最も手軽な方法としてOutlookを使う操作を解説しますが、このほかにSMTPやExchangeを使ってメールを送信するためのアクティビティも用意されています。アクティビティの検索ボックスに「メール」と入力して検索してみましょう。

[SMTPメールメッセージを送信]では、[ホスト]や[パスワード]を設定する

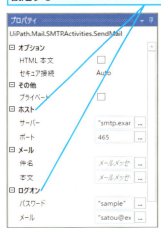

●添付ファイルは引数として指定

添付ファイルも指定できます。引数としてメールに添付したいファイル名を指定します。

◆[引数]
[Outlookメールメッセージを送信]アクティビティに入力する引数を作成

値として、添付ファイルのパスを指定する

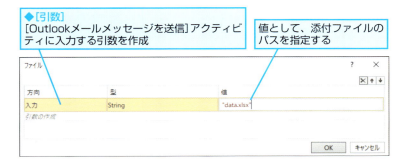

100 できる

1 [Outlookメールメッセージを送信]を追加する

1. 「メール」と入力
2. [Outlookメールメッセージを送信]をドラッグ

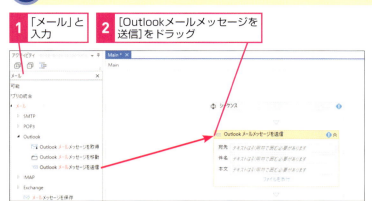

2 送信先と件名、本文を入力する

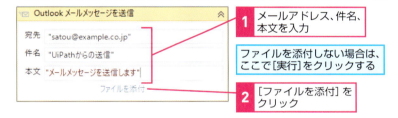

1. メールアドレス、件名、本文を入力

ファイルを添付しない場合は、ここで[実行]をクリックする

2. [ファイルを添付]をクリック

3 添付ファイルを指定する

[ファイル]ダイアログボックスが表示された

1. [引数の作成]をクリック

「入力」の引数が作成された

2. [値]に添付するファイル名(ここでは「"data.xlsx"」)を入力
3. [OK]をクリック

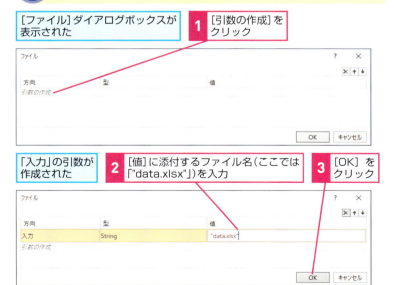

[実行]をクリックすると、指定したメールアドレスに添付ファイル付きのメールが送信される

HINT! 「""」を忘れずに

アクティビティに指定するあて先、件名、本文、さらには添付ファイルなど、すべて「""」で囲む必要があります。忘れないように注意しましょう。

HINT! 添付ファイルのパスを指定するには

ここでは、ワークフローのプロジェクトファイルが保存されているフォルダーと同じ場所にあるファイル(data.xlsx)を指定しているため、ファイル名だけを指定しています。別のフォルダーにあるファイルを指定したいときは、「"d:¥temp¥data.xlsx"」のように指定します。

Point

Outlookを使うのが簡単

メールを送るためのアクティビティの中でも、[Outlookメールメッセージを送信]をおすすめするのは、メールサーバーの設定などが不要なため、使い方がシンプルだからです。もちろん、パソコンにOutlookがインストールされ、アカウントが登録されている必要はありますが、環境さえ整っていれば、すぐにメールを送信できます。

レッスン 24

メールの本文や添付ファイルを読み取るには

メッセージとファイルの取得

Outlookで受信したメールから、メッセージの内容を取得してみましょう。業務のメールなどを起点として、処理を実行することなどができます。

Outlookのメールを読み取る

受信したメールを読み取りたい場合も、最も簡単なのはOutlookを使う方法です。受信操作自体はOutlookに任せることで、受信済みのメールを簡単に取得できます。

● ［Outlookメールメッセージを取得］
指定したフォルダー（標準では受信トレイ）にあるメールを取得し、件名や本文などをデータとして変数に格納できる

◆［Outlookメールメッセージを取得］
Outlookのメッセージを取得する

受信トレイなど、指定したフォルダーのメッセージを読み取る

読み取ったメッセージから、本文などを取得する

● ［添付ファイルを保存］
取得したメールから、添付ファイルを取り出すには、［添付ファイルを保存］アクティビティを使います。

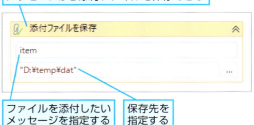

◆［添付ファイルを保存］
メッセージから添付ファイルを保存できる

ファイルを添付したいメッセージを指定する

保存先を指定する

Outlook以外の方法でメッセージを取得するには

メールを取得するためのアクティビティには、このほか［POP3メールメッセージを取得］［IMAPメールメッセージを取得］、Exchangeの［メールメッセージを保存］などがあります。これらを利用する場合は、接続先のメールサーバーなどの情報が必要です。

このレッスンで使う変数

このレッスンでは、次の変数を使います。ワークフロー内で登場する変数の用途を確認しておきましょう。

● msgDat
型：List<MailMessage>
用途：受信したメールの件名や本文などを格納する

取得できるメールの数とは

［Outlookメールメッセージを取得］では、取得するメールの数を指定できます。標準では、最上部（新着メール）から30通、しかも未読メッセージのみを取得します。これらの設定はプロパティパネルから変更できるので、処理に応じて調整しましょう。

メッセージを取得する

メールを取得し、その本文を表示してみましょう。取得したメールをリスト型の変数に格納し、何通目かを指定して内容を表示します。

1 [Outlookメールメッセージを取得] を追加する

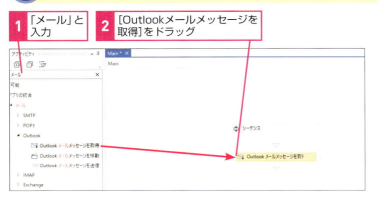

2 変数に格納する

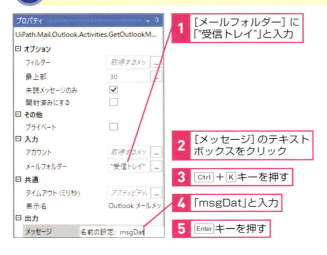

3 [メッセージボックス] を追加して本文を表示する

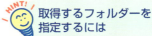

取得するフォルダーを指定するには

標準では、Outlookの「受信トレイ (Inbox)」に保存されているメールが取得の対象となります。別のフォルダーを指定したいときは、プロパティパネルの [メールフォルダー] の項目に「"請求書"」といったフォルダー名を指定しましょう。サブフォルダーの場合は「"請求書¥インプレス"」のように「¥」を使って指定します。

どうやってメッセージを取得するの？

メッセージは、手順3のように「msgDat(0).Body.ToString」と、メッセージを格納した変数に対して、「()」で何通目かを指定し、「.Body（本文）」とどの情報かを指定して表示します。送信者の場合は「.From」、件名の場合は「.Subject」と指定します。このほか、[CC] [Sender] [Header] などさまざまな情報を取得できます。

次のページに続く

テクニック 複数メールの処理を確認しておこう

このレッスンでは、複数メールをまとめて処理するために、[繰り返し（コレクションの各要素）] を使っています。下の図のように、読み込まれたメールから、1通ずつ [item] に読み込むことで、メールの要素を取得できます。添付ファイルだけでなく、件名（Subject）や本文（Body）を指定して取得することもできます。

添付ファイルを保存する

添付ファイルは、「.Attachments」と指定することもできますが、[添付ファイルを保存] アクティビティを使った方が簡単です。

4 [添付ファイルを保存] を追加する

1 [添付ファイルを保存] を追加
2 「msgDat(0)」と入力
「msgDat(0)」の「0」を変更すると、何通目のメールを取得するかを指定できる
3 […] をクリック

5 添付ファイルの保存先を指定する

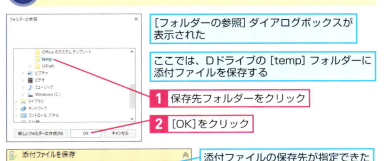

[フォルダーの参照] ダイアログボックスが表示された
ここでは、Dドライブの [temp] フォルダーに添付ファイルを保存する
1 保存先フォルダーをクリック
2 [OK] をクリック
添付ファイルの保存先が指定できた
パスを「""」で囲んで入力しても指定できる

「0」が新着から数えて1通目

「()」で指定する値は「0」から数えます。Outlookでは、通常、新着メールが上に表示されるため、新しく届いたメールから数えて1通目が「0」、2通目が「1」となります。

[優先トレイ] に注意しよう

最新版のOutlookには、[優先トレイ] という、重要なメールを優先的に表示する機能が搭載されています。通常、受信トレイを開くと、優先トレイのメッセージだけが表示されますが、[Outlookメールメッセージを取得] で取得される30通（標準設定時）は、優先トレイの30通ではありません。[その他] にあるメールも含めたトータル30通となるため、何通目かを指定する際に注意が必要です。

複数メールをまとめて処理する

複数のメールをまとめて処理するときは、[繰り返し（コレクションの各要素）]を使って、取得したメッセージを順番に処理します。

1 [繰り返し（コレクションの各要素）]を追加する

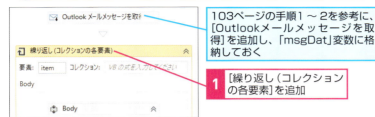

103ページの手順1～2を参考に、[Outlookメールメッセージを取得]を追加し、「msgDat」変数に格納しておく

1 [繰り返し（コレクションの各要素）]を追加

2 [繰り返し（コレクションの各要素）]の型を指定する

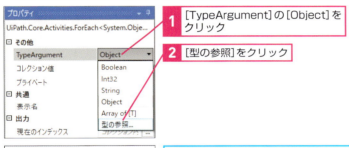

1 [TypeArgument]の[Object]をクリック

2 [型の参照]をクリック

[参照して.Netの種類を選択]ダイアログボックスが表示された

3 「System.Net.Mail.MailMessage」と入力

4 [MailMessage]をダブルクリック

3 添付ファイルの保存先を指定する

1 「msgDat」と入力

2 [Body]の中に[添付ファイルを保存]を追加

3 「item」と入力

前ページの手順5を参考に、添付ファイルの保存先を指定する

30通のメールがチェックされ、添付ファイルがある場合は指定先に保存される

HINT! [繰り返し（コレクションの各要素）]って何？

[繰り返し（コレクションの各要素）]は、データの集まりに対して、その構成要素がなくなるまで処理を繰り返すことができるアクティビティです。配列の要素を順番に処理するときに使います。

HINT! 「item」を分かりやすく置き換えることもできる

ここでは、[繰り返し（コレクションの各要素）]の[要素]に、標準の「item」を使っていますが、こうした処理がワークフローの中に何度も登場すると、「item」がどのデータを扱っているのかが分かりにくくなります。このため、「item」を「message」など、要素の内容が分かる名称に変更しておくといいでしょう。

Point メールベースの業務を自動化できる

処理が終わったデータをメールで送ったり、請求書の依頼メールが届いたことを確認して処理を作成したりと、普段の業務ではメールの処理がどこかに介在します。UiPath Studioでは、メールの処理を行うワークフローも簡単に作成できるため、Outlookを使えば、簡単に処理を作成できるうえ、Outlookの仕分け機能なども活用しつつメールを処理できるのでおすすめです。

レッスン 25

Webページから表データを読み取るには

データスクレイピング

株価や商品価格、天気など、Webページには、ビジネスに必要なさまざまな情報が存在します。こうした情報を自動的に集めましょう。

データスクレイピングで表データを読み取る

UiPath Studioには、Webページ上の表データを自動的に取り込むことができる強力なデータスクレイピング機能が搭載されています。この機能を使えば、今まで情報収集にかけていた手間と時間を大幅に削減できます。

●データスクレイピング
株価や商品価格、天気、各種統計情報など、表形式のデータを自動的に認識して取り込めます。

◆データスクレイピングウィザード
ブラウザーなどの表データを読み取る

表形式のデータを自動的に認識して取得する

読み取ったデータは、DataTable型の変数に格納される

> **[画面スクレイピング]って何？**
>
> [データスクレイピング]が、表などの構造化データを取得するための機能であるのに対して、[画面スクレイピング]は画面上のテキストなどを取得したいときに使います。汎用的な情報を取得したいときは[画面スクレイピング]を使いましょう。

> **このレッスンで使う変数**
>
> このレッスンでは、次の変数を使います。ワークフロー内で登場する変数の用途を確認しておきましょう。
>
> ●ExtractDataTable
> 型：DataTable
> 用途：取得した表データを格納する（自動的に作成される）

● [CSVに書き込む]
取得したデータは、[CSVに書き込む]アクティビティを使うことで簡単にファイルとして保存できます。

◆[CSVに書き込む]
指定したデータを、CSV形式のファイルとして保存する

保存するファイル名やパスを指定する

DataTable型の変数を指定する

1 Webアプリから表を表示する

下記のURLにアクセスした後、Webアプリの[経費のリストを参照する]をクリックして、[経費一覧]の画面を表示しておく

▼UiPath Demo
http://www.expense-demo.com/

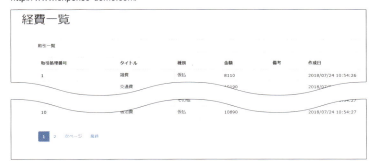

HINT! いろいろなWebページのデータを収集できる

ここではデモアプリのデータを取得しましたが、これ以外にも、株価や商品価格、気温や警報一覧、Webページの検索結果など、さまざまなデータを取得できます。ただし、サイトによっては、掲載されている情報の自動取得（スクレイプ）を禁止している場合もあります。データを取得しようとしているサイトのポリシーを事前に確認しておきましょう。

2 データスクレイピングを開始する

1 [データスクレイピング]をクリック

HINT! ブラウザーを起動するには

ここでは、ブラウザーが起動した状態からデータスクレイピングを実行しています。もしも、ブラウザーを起動して、該当するサイトを開く処理も自動化したいときは、[ブラウザーを開く]アクティビティを配置し、その中でデータスクレイピングを実行しましょう。

3 要素を指定する

要素の選択手順を説明する画面が表示された

1 [次へ]をクリック

HINT! PDFのデータも読み取れる

データスクレイピングで取得できるのは、Webページのデータだけではありません。PDF化された文書などでも、同じような表形式のデータであれば取得することができます。

4 表を指定する

1 表の任意の場所をクリック

次のページに続く

❺ 表全体を指定する

指定した表の確認画面が表示された

1 [はい]をクリック

❻ 取得した表を確認する

指定した表の確認画面が表示された

1 [終了]をクリック

❼ ページが複数にまたがる場合の操作を指定する

複数ページにまたがる場合の操作についての画面が表示された

1 [はい]をクリック

Webページが表示された **2** [次ページ]をクリック

HINT! いくつかのデータのクリックが必要なときもある

ここでは、表の構造が単純なため、手順4でデータを1つクリックしただけで、全体の構造を自動的に判定することができました。しかし、表示形式が複雑な場合、1つだけでは自動的に認識できないことがあります。このような場合は、画面の指示に従って、類似項目を追加でクリックする必要があります。また、[相関するデータを抽出]で、取得するデータの項目（検索結果の説明分など）を増やすこともできます。

Googleの検索結果を表示しておく

1 タイトルをクリック

[第二の要素を選択]の画面が表示された / 認識できないため同じパターンの別要素を選択する

2 [次へ]をクリック

3 第二の要素として別のタイトルをクリック

HINT! 特定の列だけ読み取りたいときは

このレッスンの例で［タイトル］の列のデータだけを読み取りたいときは、手順5で［いいえ］ボタンのクリック後、第二の要素の選択でタイトルの列にある別の要素（表の最後のデータが望ましい）をクリックします。

❽ アクティビティが作成される

- 表データを取得するアクティビティが自動的に作成された
- データが変数(ExtractDataTable)に格納される

 変数のスコープに注意

データスクレイピングによって自動的に作成された変数[ExtractDataTable]は、[データスクレイピング]の中でのみ有効です。ここでは、[データスクレイピング]の中に、[CSVに書き込む]を追加しているため問題ありませんが、外側で変数を使いたいときは、[変数]パネルでスコープを変更します。[シーケンス]など全体で有効になるようにしておきましょう。

❾ [CSVに書き込む]を追加する

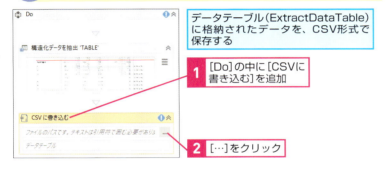

- データテーブル(ExtractDataTable)に格納されたデータを、CSV形式で保存する
- 1 [Do]の中に[CSVに書き込む]を追加
- 2 […]をクリック

 Excelに書き出すには

ここでは、取得したデータをCSV形式のファイルに書き出しましたが、Excelファイルとしても保存することもできます。レッスン⓴を参考にワークフローを作りましょう。

❿ CSVファイルの保存先を指定する

- [Select File]ダイアログボックスが表示された
- ここでは、プロジェクトフォルダー内に保存する

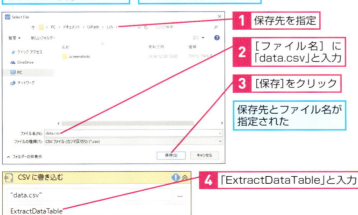

- 1 保存先を指定
- 2 [ファイル名]に「data.csv」と入力
- 3 [保存]をクリック
- 保存先とファイル名が指定された
- 4 「ExtractDataTable」と入力
- [実行]をクリックすると、デモのWebアプリの表データがCSVファイルとして保存される

Point
処理のベースとなるデータを集められる

業務の中で、株価や価格など、最新のデータが必要になることは珍しくありません。こうしたデータを手軽に取得できるのがデータスクレイピングです。ここでは単純にCSVファイルに保存しましたが、取得した表をメールで送ったり、値を業務アプリに入力したり、ワークフローの中で取得した値をベースに計算をしたりと、いろいろな方法で活用してみましょう。

レッスン 26

特定の処理を抽出して呼び出すには

ワークフローの切り出しと呼び出し

ワークフローの一部を抽出して、呼び出せるようにしてみましょう。処理がシンプルに見えるようにしたり、同じ処理を再利用したいときに便利です。

抽出した処理を呼び出して使う

自動化する業務内容によっては、ワークフロー内に同じ処理が何度も登場することがあります。こうした処理は［ワークフローファイルを呼び出し］を使うことで、外部化しておくといいでしょう。必要に応じて呼び出して使えるので、処理がシンプルになります。

●ワークフローの抽出と呼び出し

特定の処理を指定して、外部ファイルとして抽出できます。抽出したワークフローファイルは、簡単に呼び出せます。

◆ワークフローファイルを呼び出し
処理の一部を抽出し、外部ファイルとして呼び出す

複雑な処理を抽出することで処理の流れをシンプルに見せる

処理の中で何度も再利用できる

ファイルとして扱える

抽出したワークフローは、「xaml」形式のファイルとして、ワークフローファイルと同じフォルダーに保存されます。このため、ファイルをコピーすることで、ほかの環境でも抽出したワークフローを再利用できます。

このレッスンで使う変数

このレッスンでは、次の変数を使います。ワークフロー内で登場する変数の用途を確認しておきましょう。

●chkPrice
型：GenericValue
用途：金額を保存しておく

抽出する処理を検討しよう

ワークフロー内のどの処理を抽出するかは慎重に検討しましょう。むやみにたくさんの処理を抽出すると、かえってワークフロー内で何が行われているのかが把握しにくくなります。頻繁に登場する処理や汎用的な処理など、分かりやすく、再利用しやすいものを抽出するといいでしょう。

●引数で値をやりとりする

抽出したワークフローファイルとの間で、値をやりとりしたいときは、引数を使います。必要に応じて［入力］と［出力］を設定できます。

抽出したワークフローに値を受け渡すための引数を確認する

受け渡したい値を［変数］や［値］で指定する

1 ベースの処理を作成する

1. [代入]を追加
2. 「3000」と入力

レッスン⑩の38ページを参考に、左のテキストボックスで「chkPrice」の変数を設定する

2 [条件分岐] を追加する

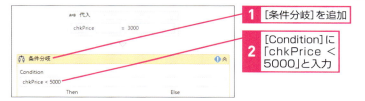

1. [条件分岐]を追加
2. [Condition]に「chkPrice < 5000」と入力

3 条件が合ったときの処理を追加する

1. [Then]の中に[代入]を追加

金額が5000円未満だった場合に、500円（送料など）を追加する処理を設定する

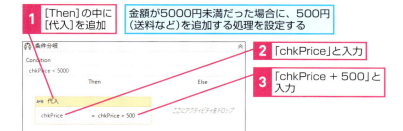

2. 「chkPrice」と入力
3. 「chkPrice + 500」と入力

4 [メッセージボックス] を追加して結果を表示する

1. [条件分岐]の下に[メッセージボックス]を追加

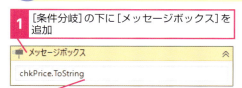

2. 「chkPrice.ToString」と入力

金額の結果が表示されるようになる

HINT! 抽出前に動作を確認しよう

処理を抽出する前に、ワークフローがきちんと動作することを確認しておきましょう。抽出前の段階で処理にバグがあると、ワークフローの抽出によって、問題を発見しにくくなってしまう場合があります。

HINT! 引数の方向って何？

次ページの手順8で指定する引数の方向は、抽出したワークフローに対して値を渡すのか（入力）、それとも受け取るのか（出力）を決めるための設定です。ここでは [入力/出力] を選択していますので、入力と出力の両方とも扱います。

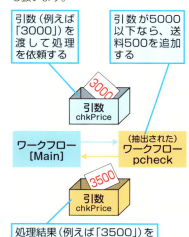

引数（例えば「3000」）を渡して処理を依頼する

引数が5000以下なら、送料500を追加する

処理結果（例えば「3500」）を引数として返す

次のページに続く

⑤ ワークフローとして抽出する

条件分岐の処理をワークフローとして抽出し、外部化する

1 [条件分岐]を右クリック
2 [ワークフローとして抽出]をクリック

⑥ 全体から該当する処理を抽出する

[新しい条件分岐]ダイアログボックスが表示された

1 [名前]（ここでは「pcheck」）を入力
2 [作成]をクリック

⑦ 表示が切り替わる

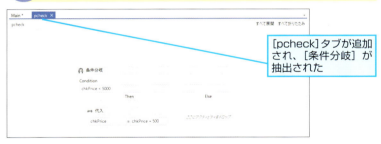

[pcheck]タブが追加され、[条件分岐]が抽出された

⑧ 引数を確認する

元のワークフローから値を受け取り（入力）、かつ、元のワークフローに値を渡す（出力）引数を定義する

1 画面下の[引数]をクリック　[引数]パネルが表示された

2 変数名（chkPrice）と[方向]（[入力/出力]）を確認　元のワークフローの「chkPrice」変数が引数として設定されている

💡HINT! 抽出したワークフローを参照するには

抽出したワークフローは、手順7の画面でタブを切り替えることで参照できます。もしも、タブが表示されていないときは、画面左下の[プロジェクト]をクリックして、表示したいワークフローをダブルクリックします。

💡HINT! [GenericValue]を指定するには

手順8で引数の型に[GenericValue]を指定したいときは、次のように[型の参照]で「GenericValue」と検索して指定します。

レッスン㉔を参考に、[参照して.Netの種類を選択]を表示する

1 「GenericValue」と入力

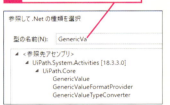

💡HINT! プロセスを分離できる

[ワークフローファイルを呼び出し]（画面上は「Invoke pcheck workflow」）の[プロパティ]パネルで、[分離]にチェックマークを付けると、別プロセスで、抽出したワークフローを実行できます。これにより、万が一、抽出したワークフローで重大なシステムエラーが発生しても元のワークフローに影響を与えずに済みます。

💡HINT! 抽出したワークフローファイルを再利用するには

抽出したワークフローファイルを呼び出すには、[ワークフローファイルを呼び出し]アクティビティを使います。ファイルを指定後、手順8以降を参考に同様に引数を設定しましょう。

テクニック 呼び出し元の変数と呼び出したワークフローの引数が違うときは

呼び出したワークフローで使われている引数が、元のワークフローで使われている変数と異なる場合は、その対応付けが必要です。例えば、前ページの手順5～7で外部化した「pcheck.xaml」を別のワークフローで再利用する際に、次のように呼び出し元で「chkPrice」という変数ではなく、「chkP」という変数が使われているときは、「chkP」と「chkPrice」を対応付けます。

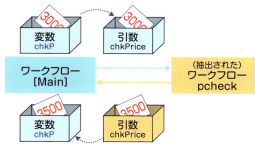

111ページの手順1を参考に[代入]を追加し、「chkP」という変数を作成する

[ワークフローファイルを呼び出し]を追加する

1 [引数を編集]をクリック

[呼び出されたワークフローの引数]ダイアログボックスが表示された

2 [値]に「chkP」と入力　**3** [OK]をクリック

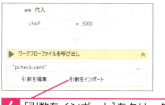

4 [引数をインポート]をクリック

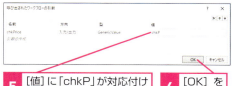

5 [値]に「chkP」が対応付けられていることを確認　**6** [OK]をクリック

[メッセージボックス]を追加して「chkP.ToString」と入力する

⑨ 元のワークフローを確認する

1 [Main]タブをクリック　元のワークフローに戻った

[条件分岐]が、抽出したワークフローを呼び出す[Invoke pcheck workflow]に置き換わった

「chkPrice」変数に指定した値が引数に代入され、外部ワークフローで処理される

Point

作成工数も減らせる

抽出したワークフローファイルは、作成中のワークフロー内だけでなく、別のワークフローでも使えます。別の人が作ったワークフローファイルを使うこともできるので、うまく活用すれば、ワークフローの作成工数を削減することもできるでしょう。逆に言うと、再利用しやすいように、なるべく汎用的に使える構造でワークフローを作成するのも1つの考え方です。

レッスン 27 思い通りに文字が入力できないときは

文字入力のオプション設定

ブラウザーやアプリに文字を入力するとき、方法によっては、思い通りの結果が得られないことがあります。その対処方法を見てみましょう。

オプションで入力方法を選択できる

UiPath Studioには、ブラウザーやアプリに文字を入力する方法が複数用意されています。標準の設定で思い通りに入力できないときは、［文字を入力］のプロパティで入力方法を変更してみましょう。

● ［入力をシミュレート］を有効にする

半角カタカナが文字化けしてしまったり、IMEの状態によって入力される文字が変わったりするときは、［文字を入力］のプロパティで［入力をシミュレート］をオンにすることで、特定のトラブルを回避できます。

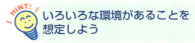

いろいろな環境があることを想定しよう

ワークフローを作成するときは、ワークフローがどのような環境で実行されるかも想定しておく必要があります。このレッスンの文字入力は、その良い例で、同じワークフローでも、そのときに選択されているIMEのモードによって文字が変わってしまう例を示しています。さまざまな実行環境でテストするなどして、ワークフローの完成度を高めることが大切です。

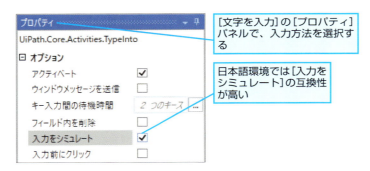

［文字を入力］の［プロパティ］パネルで、入力方法を選択する

日本語環境では［入力をシミュレート］の互換性が高い

テクニック 3種類の入力方法の違いを確認しよう

UiPath Studioでは、どのような仕組みで文字を入力するかの違いによって、3種類の設定が用意されています。それぞれの違いは、表の通りです。ショートカットキー操作などのホットキーを入力できるか、アプリがバックグラウンドで実行されている状態でも入力できるか、どのようなアプリにも対応できるか（互換性）、ウィンドウが操作対象として選択されている必要があるか（ウィンドウフォーカス）、入力時に入力欄を空にできるかなどの違いがあります。

メソッド	説明	ホットキーの入力	バックグラウンドでの入力	処理速度	互換性	ウィンドウフォーカスの必要性	入力時に入力欄を自動的に空にする
デフォルト	ハードウェア（Keyboard）からの入力をシミュレートする	○		50%	100%	○	
ウィンドウメッセージを送信	Windows OSレベルでの入力をシミュレートする	○	○	50%	95%		
入力をシミュレート	アプリケーションでの対象の要素に対して入力時に、そのEventをhookし、入力をシミュレートする		○	100%	80%		○

文字入力でありがちなトラブル

［文字を入力］アクティビティを使うときに、よくあるのは半角カタカナの文字化けや、IMEのモードや変換操作に関連するトラブルです。標準設定での動作を確認してみましょう。

1 ［文字を入力］を追加する

- ［メモ帳］を起動し、文字を入力する新規メモを作成しておく
- 1 ［文字を入力］を追加
- 2 ［画面上で指定］をクリック
- 3 ［メモ帳］の入力欄をクリック

2 入力する文字を指定する

1 メモ帳に入力する文字（ここでは「"123-456 ｼﾐｽﾞﾏｻｼ 清水　理史"」）を入力

- 半角英数で「123-456」、半角スペース、半角カタカナで「ｼﾐｽﾞﾏｻｼ」、半角スペース、ひらがなで「清水　理史」と入力する
- ［実行］をクリックすると、メモ帳に文字が入力される

●IMEの［半角英数］モードで実行した場合

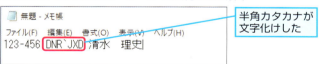

- 半角カタカナが文字化けした

●IMEの［ひらがな］モードまたは［全角英数］モードで実行した場合

- 数字が全角になった
- 半角スペースがなくなった

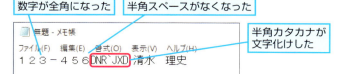

- 半角カタカナが文字化けした

HINT! どうして半角スペースが消えてしまったの？

IMEが［ひらがな］モードになっている場合、スペースキーの入力は変換操作と判断されます。このため手順2では「１２３－４５６」が全角になるだけでなく、それに続く半角スペースが消えてしまうわけです。

HINT! IMEを無効化するのも1つの手

ワークフローを無人の環境で実行する場合は、実行環境でIMEを無効化してしまうのも1つの方法です。言語の設定で英語キーボードを選択し、日本語を無効化しておけば、IME関連のトラブルを避けることができます。英語が選択されている場合でも、［文字を入力］で問題なく日本語を入力できます。

- ［USキーボード］に変更すると、正しい文字が入力される

次のページに続く

27 文字入力のオプション設定

［ウィンドウメッセージを送信］を有効にする

標準設定で思い通りに入力できないときは、［ウィンドウメッセージを送信］を有効にしてみましょう。IME関連のトラブルを解消できますが、半角カタカナの文字化けはそのままとなります。

1 ［オプション］を設定する

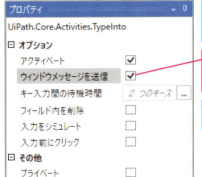

前ページを参考に、メモ帳に文字を入力する［文字を入力］を設定しておく

1 ［ウィンドウメッセージを送信］をクリックしてチェックマークを付ける

［実行］をクリックすると、メモ帳に文字が入力される

HINT! 何も選択されていないのがデフォルトメソッド

［文字を入力］のプロパティでは、3種類の入力方法を選択できますが、設定は［ウィンドウメッセージを送信］と［入力をシミュレート］の2つしかありません。つまり、何も選択されていない状態がハードウェアをシミュレートするデフォルトメソッドとなります。

HINT! IMEの状態に左右されない

［ウィンドウメッセージを送信］では、指定した文字が、文字列としてそのまま入力されます。このため、実行環境でIMEの状態がどうなっているかは関係ありません。［半角英数］［ひらがな］どちらの状態でも、同じ文字が入力されます。

●IMEの［半角英数］モードで実行した場合

半角カタカナが文字化けしている

●IMEの［ひらがな］モードで実行した場合

半角カタカナが文字化けしている

半角英数とスペースは指定通りに入力された

［入力をシミュレート］を有効にする

［入力をシミュレート］を有効にしてみましょう。アプリケーションレベルで入力がシミュレートされ、半角カタカナがそのまま入力され、IMEの状態に関係なく、指定した文字がそのまま入力されます。

1 ［オプション］を設定する

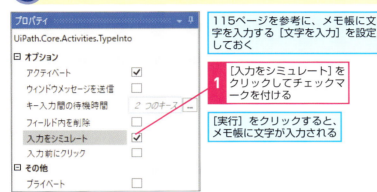

115ページを参考に、メモ帳に文字を入力する［文字を入力］を設定しておく

1 ［入力をシミュレート］をクリックしてチェックマークを付ける

［実行］をクリックすると、メモ帳に文字が入力される

●IMEの［半角英数］モードで実行した場合

すべての文字が指定通りに入力された

```
無題 - メモ帳
ファイル(F) 編集(E) 書式(O) 表示(V) ヘルプ(H)
123-456 ｼﾐｽﾞﾏｻｼ 清水　理史
```

●IMEの［ひらがな］モードで実行した場合

すべての文字が指定通りに入力された

```
無題 - メモ帳
ファイル(F) 編集(E) 書式(O) 表示(V) ヘルプ(H)
123-456 ｼﾐｽﾞﾏｻｼ 清水　理史
```

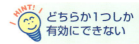 **どちらか1つしか有効にできない**

［ウィンドウメッセージを送信］と［入力をシミュレート］は、同時に有効にすることはできません。チェックを付けることはできますが、エラーが表示され、ワークフローを実行できません。

［検証エラー］ダイアログボックスが表示される

 **［SecureStringで文字を入力］も同じ**

ここでは、［文字を入力］の設定について解説しましたが、パスワードなどを入力するときに使う［SecureStringで文字を入力］アクティビティでも同じ設定ができます。パスワードの場合、通常は入力結果が見えないため、エラーの原因を判断しにくいことがあります。オプションを変更して試してみましょう。

Point

迷ったら［入力をシミュレート］にチェックマークを付けよう

このレッスンで説明したように、［文字を入力］では、オプションの設定によって入力結果が変わることがあります。標準設定では、環境によってワークフローがうまく動いたり、動かなかったりすることがあるので、迷ったときは［入力をシミュレート］をクリックしてチェックマークを付けておくと安心です。

レッスン 28

クリックする場所を
ピクセル単位で調整するには

カーソル位置、オフセット

操作対象のWebページやアプリによっては、クリックする場所をうまく指定できないことがあります。クリックする場所を調整してみましょう。

［カーソル位置］でオフセットを指定できる

UiPath Studioでは、画面上のUI要素を高い精度で把握することができますが、中には、本当にクリックしたい部分をピンポイントで指定できないことがあります。このような場合は、［カーソル位置］でクリックする場所を調整することができます。

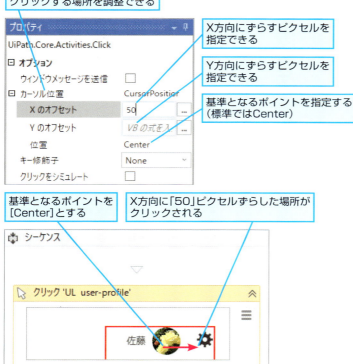

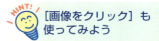

［画像をクリック］も使ってみよう

クリックしたい場所の要素をピンポイントで取得できないときは、［画像をクリック］アクティビティも試してみましょう。範囲を指定すると、画面上から同じ場所を探し出してクリックできます。仮想マシンやターミナルなどでクリック先を指定したいときに使いますが、通常のWebページやアプリでもうまく要素を指定できないときに活用できます。

マイナスも指定できる

［カーソル位置］は、「-50」のようにマイナスも指定できます。マイナスを指定すると、［Xのオフセット］では左方向に、［Yのオフセット］では下方向に、クリック位置をずらせます。

1 [クリック]を追加する

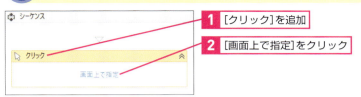

1 [クリック]を追加
2 [画面上で指定]をクリック

2 クリック対象を指定する

Internet Explorerを起動し、MSNのトップページ（http://www.msn.com）を表示しておく

ここでは、右上の[設定]アイコンをクリックするように指定する

1 画面右上をクリック

左のアカウント名と画像も選択され、右上のアイコンだけを指定できない

この状態で[実行]をクリックすると、中央のアカウント画像がクリックされる

HINT! 座標を確認するには

オフセットの値を計算したいときは、[画面で指定]を選択したときに表示される左上の画面で座標を確認するといいでしょう。選択されたオブジェクトの中心の座標と、クリックしたい場所の座標を確認することで、オフセットにどれくらいの値を入れればいいのかを簡単に計算できます。

画面左上に座標が表示される

3 カーソル位置を調整する

1 [カーソル位置]の左にある[+]をクリック

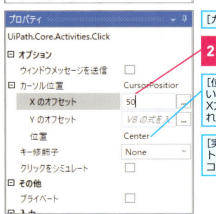

[カーソル位置]が展開される

2 [Xのオフセット]に「50」と入力

[位置]で[Center]が選択されているので、選択範囲の中央から、X方向（右方向）に50ピクセルずれた場所がクリックされる

[実行]をクリックすると、MSNのトップページで右上の[設定]アイコンがクリックされる

Point クリックできるかをテストしておこう

このレッスンで紹介した例のように、[カーソル位置]を指定すると、選択された要素の中の特定の部分をクリックすることができます。中心からのドット数を入力する必要があるので、計算を間違えるとうまくクリックできないこともあります。値を調整しながらテストを繰り返して、正確にクリックできるように調整しておきましょう。

レッスン 29

目印の画像の近くをクリックするには

Citrix

Citrixのレコーディングを使って、目印の近くをクリックしてみましょう。前のレッスンで手動で設定したオフセットを自動的に設定できます。

レコーディングから［Citrix］を使う

UiPath Studioのレコーディング機能には、仮想環境やターミナルなどの自動化に対応した［Citrix］というレコーディングが用意されています。この機能を活用すると、画面上に目印となる画像を設定し、その目印から一定の距離にある特定のポイントをクリックできます。オフセットを自動的に設定できるので便利です。

● ［Citrix］レコーディングの［画像をクリック］

画面上の操作対象を画像として認識してクリックしますが、Citrixレコーディングから使うと、クリック対象を指定するときに、一定の距離オフセットされた別のポイントを指定することができます。

特定の画像を目印にできる

目印からオフセットされた場所をクリックする

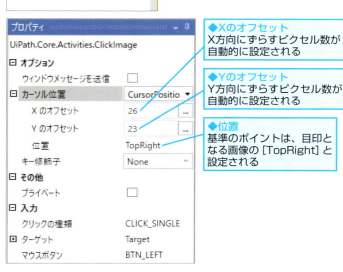

◆Xのオフセット
X方向にずらすピクセル数が自動的に設定される

◆Yのオフセット
Y方向にずらすピクセル数が自動的に設定される

◆位置
基準のポイントは、目印となる画像の［TopRight］と設定される

Citrixって何？

Citrixは、「Xen」ブランドで知られる仮想化製品を主力に扱うアメリカのIT企業です。ただし、UiPath Studioの機能としての「Citrix」は、同社の製品にだけ対応した機能ではなく、広く仮想化されたOSやターミナル、リモートデスクトップなどに対応する機能となっています。

前のレッスンと何が違うの？

レッスン㉘で紹介した方法とこのレッスンの方法では、オフセットの設定方法が手動か、自動かという違いだけでなく、対象をどう認識するかの違いがあります。前のレッスンでは、［クリック］アクティビティを利用して対象をHTMLの構成要素として認識したため、仮に目印の画像が変わったとしても指定した場所をクリックできます。しかし、このレッスンでは［画像をクリック］を使うため、対象が画像として認識されます。このため、目印となる画像が変わると、クリック対象を特定できません。

1 Citrixのレコーディングを開始する

1 [レコーディング]をクリック　2 [Citrix]をクリック

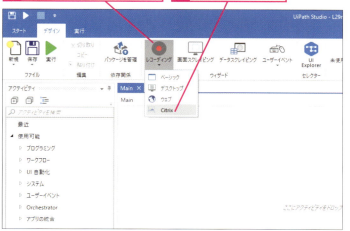

 位置は変わっても大丈夫

Citrixのレコーディングでは、指定した部分を画像として認識し、画面上から同じ画像を探して操作します。このため、画像そのものが変わってしまうと操作できませんが、位置が変わる程度であれば、画面上から同じ目印を探し出して操作することができます。ただし、このレッスンのように、画像そのものではなく、画像からオフセットされた位置をクリックしたい場合は、目印となる画像とクリックしたい場所の距離や方向が変わってしまうと、正常にクリックできなくなるので注意しましょう。

2 [画像をクリック]を選択する

[Citrixレコーディング]ツールバーが表示された

1 [画像をクリック]をクリック

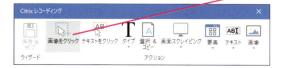

 [Center(中央)]って何の中央?

次ページの手順4では、選択した範囲のどこをクリックするのかを設定します。標準では、[Center(中央)]が選択されているため、囲んだ範囲の中央がクリックされます。対象によっては、これを[TopLeft(左上)]などに変更することもできます。

3 目印にする画像を指定する

Internet Explorerを起動し、MSNのトップページ(http://www.msn.com)を表示しておく

ここでは、ユーザーのアイコン画像を目印に、右側の設定アイコンをクリックするよう指定する

1 ユーザーのアイコン画像をドラッグ

 「アンカーを使いますか?」と表示されたときは

手順3の後に「アンカーを使いますか?」の画面が表示されたときは、[いいえ]をクリックして手順を進めましょう。このメッセージは、初回のみ表示されるため、次回以降は[いいえ]をクリックする必要はありません。

次のページに続く

4 クリック先を変更する

クリックする位置を指定する

1 [点を指定]をクリック

HINT! [マウス位置を設定]で[OK]をクリックしたときは

手順4で、そのまま[OK]をクリックしてしまうと、右側のアイコンではなく、目印として選んだ画像そのものがクリックされます。手順6で、もう一度、[画像をクリック]を選んで設定し直しましょう。設定後、前に設定した[画像をクリック]がワークフロー上に残っているので、忘れずに削除しましょう。

5 クリック先を指定する

1 クリック先（ここでは[設定]アイコン)をドラッグ

目印の画像の右側にある[設定]アイコンをクリック先に指定できた

HINT! [ウィンドウにアタッチ]が自動的に追加される

Citrixを指定してレコーディングを実行すると、[ウィンドウにアタッチ]が自動的に追加され、その中に、[画像をクリック]などの操作が配置されます。[ウィンドウにアタッチ]は、操作対象となるウィンドウを指定するためのアクティビティです。

6 処理の記録を終了する

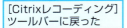

[Citrixレコーディング]ツールバーに戻った

1 [保存&終了]をクリック

処理の記録を終了して保存する

HINT! オフセットを調整できる

オフセットは手動で調整することもできます。ワークフローの作成後、画面のレイアウトが変更され、目印との位置が変わってしまったときは、レコーディングし直すか、プロパティでオフセットを手動で調整しましょう。

7 ワークフローを確認する

ワークフローが自動的に作成された

1 [画像をクリック]を選択

[画像をクリック]の[プロパティ]パネルが表示される

テクニック 仮想環境やターミナルからテキストを読み取るには

UiPath Studioでは、仮想環境やターミナルの操作だけでなく、これらの環境に表示されている文字を読み取ることもできます。次の手順のように、[画面スクレイピング]を使うことで、リモートデスクトップなど、そのままでは文字として認識できない画面上の要素を、OCRで読み取ってテキスト化できます。GoogleとMicrosoft、2種類のOCRエンジンで特性が異なるので、うまく認識されないときはエンジンを変えてみましょう。

ここでは、リモートデスクトップ上のブラウザの文字を読み取る

1 [画面スクレイピング]をクリック

2 リモートデスクトップ上の読み取りたいテキストをドラッグ

[画面スクレイピングウィザード]が起動する

[スクレイピング結果プレビュー]に認識されたテキストが表示される

ここをクリックすると、OCRエンジンを変更できる

[クリップボードにコピー]をクリックすると、テキストがコピーできる

---

8 [カーソル位置]を確認して実行する

1 [カーソル位置]の[+]をクリック

[カーソル位置]が展開される

2 [Xのオフセット]や[Yのオフセット][位置]が自動的に入力されていることを確認

3 画面左上の[実行]をクリック

目印のアイコン画像の右上から、右方向に「26」ドット、上に「23」ドットずれた場所（ここでは[設定]アイコン）がクリックされる

Point
オフセットの値をメモして手動設定してもいい

このレッスンの方法を使うと、クリックしたいポイントのオフセットを自動的に計算してくれます。前のレッスンのように、ピクセル数を計算する必要がないので、対象をより簡単に特定できます。場合によっては、この方法で目印からのオフセットを計算しておき、その値を使ってレッスン㉘の方法でワークフローを作成しても構いません。

レッスン 30

近くの要素を手がかりに特定要素を操作するには

アンカーベース、相対要素

画面上の要素を特定できないときは、近くにある目印を使ったり、相対的な位置を指定することで、クリック先や文字の入力先を特定できます。

アンカーベースや相対要素を使う

クリック先のボタンや入力先のテキストボックスの位置や名前が変化する可能性がある場合、通常の方法では安定的にワークフローを実行できません。万が一、位置や名前が変わっても対応できるようにするには、アンカーベースや相対要素を使います。

●[アンカーベース]

アンカーベースは、近くにある固定的な要素(ラベルやアイコンなど)を目印にすることで、クリック先や文字の入力先を指定できるアクティビティです。

画面がリニューアルされても対応できる

クラウドサービスなどでは、画面上のデザインや要素が頻繁に更新されることがあります。アンカーベースや相対要素での指定は、こうした画面デザインの変更などにも対応できる可能性があります。常に変わらない固定的な要素さえ近くにあれば、たとえ画面が大幅に変更されても、ワークフローを実行できる可能性があります。

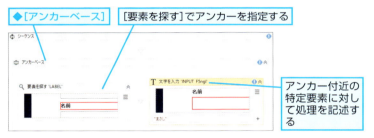

◆[アンカーベース]　[要素を探す]でアンカーを指定する　アンカー付近の特定要素に対して処理を記述する

●相対要素で指定する

画面上のUI要素は、階層構造によって管理されています。これを活用すると、固定的な親要素や子要素からの位置を指定することで、相対的に画面上の要素を特定できます。

[UI Explorer]でセレクターを編集する　相対要素を指定することで操作対象を特定する

［アンカーベース］で指定する

アンカーベースは、近くにある要素を目印に使うことで、操作対象を特定できるアクティビティです。ここでは、［名前］というラベルが変わらないことに注目し、これを目印に操作対象を特定します。

1 RPAチャレンジのWebページを表示する

1 右記のWebページにアクセス

▼RPAチャレンジ
http://www.rpachallenge.com/?lang=ja

2 ［アンカーベース］を追加する

1 ［アンカーベース］を追加

3 ［要素を探す］を追加する

1 ［アンカー］の部分に［要素を探す］を追加
2 ［画面上で指定］をクリック

4 アンカーを指定する

アンカーとして目印に使うラベルを指定する
1 ［名前］をクリック

Webページにアクセスするタイミングで画面のレイアウトが異なる

アンカーが設定された

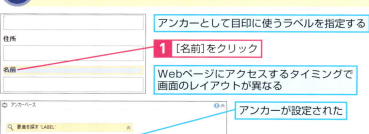

HINT! 「RPAチャレンジ」に挑戦してみよう

ここでは、アンカーベースや相対要素を説明する例として、「RPAチャレンジ」に掲載されているサンプルページを利用します。このページは、アドレス帳のデータを入力するためのものですが、［名前］などの項目の順番や位置が入力や再読み込みのたびに変化します。また、通常、テキストボックスを特定するときに使われるIDも「UXyNE」のように毎回ランダムに割り当てられるため、入力先の特定に使えません。通常、こうしたWebページはRPAによる自動化が非常に困難ですが、UiPath Studioなら、このレッスンの方法で簡単に自動化できます。

［登録］ボタンをクリックするたび、レイアウトが変わる

HINT! 変わらない要素に注目しよう

アンカーベースを使うときは、近くにある変わらない要素を選び出すことが重要です。近くにあったしても、その要素が変化する場合は、目印として使えません。Webページやアプリをよく観察して目印を選びましょう。

次のページに続く

⑤ [文字を入力]を追加する

1 [ここにアクションアクティビティをドロップ]の部分に[文字を入力]を追加

2 [画面上で指定]をクリック

HINT! 近くの要素に対して操作が実行される

アンカーベースでは、指定した目印から最も近い要素に対して、操作が実行されます。このため、固定的な目印があっても、近くに別のテキストボックスなどがある場合は、目的の場所を操作対象として選択できません。

⑥ テキストボックスを指定する

文字の入力先を指定する

1 [名前]のテキストボックスをクリック

HINT! レイアウトを変えて試してみよう

RPAチャレンジの画面は、ページを再読み込みしたり、[登録]ボタンをクリックすることで、デザインが変更されます。デザインが変わっても、作成したワークフローがきちんと動くかどうかを試してみましょう。

⑦ 入力する文字を指定する

文字の入力先が設定された

1 「"まさし"」と入力

⑧ 結果を確認する

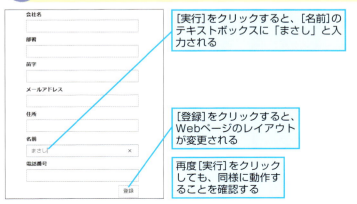

[実行]をクリックすると、[名前]のテキストボックスに「まさし」と入力される

[登録]をクリックすると、Webページのレイアウトが変更される

再度[実行]をクリックしても、同様に動作することを確認する

セレクターで相対要素を指定する

セレクターを使って、相対的に画面上の要素を指定してみましょう。親の要素や子の要素を基準にすることで、単体では特定できない要素やその都度変わる可変的な要素も特定できます。

HINT! セレクターって何？

セレクターは、テキストボックスやボタンなど、画面上の構成要素を定義するために使われる文字列です。例えば、RPAチャレンジのページの「名前」というラベルは次のように表されます。

\<html title='RPAチャレンジ' /\>
\<webctrl aaname='名　前' tag='LABEL' /\>

1 [文字を入力] を追加する

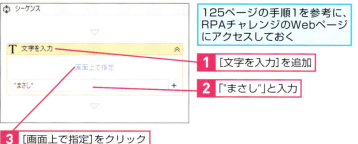

125ページの手順1を参考に、RPAチャレンジのWebページにアクセスしておく

1 [文字を入力]を追加
2 ["まさし"]と入力
3 [画面上で指定]をクリック

2 入力先を指定する

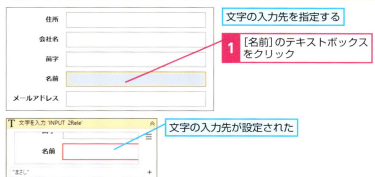

文字の入力先を指定する
1 [名前]のテキストボックスをクリック

文字の入力先が設定された

3 セレクターを編集する

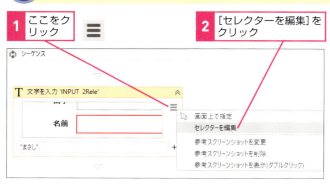

1 ここをクリック
2 [セレクターを編集]をクリック

次のページに続く

UI Explorerを起動する

［セレクターエディター］が
起動した

現在選択されている要素の
セレクターが表示される

1 ［UI Explorerで開く］を
クリック

 **セレクターの要素を編集する
ことで指定することもできる**

Webページによっては、セレクターの要素を追加したり、不要な要素を削除したりすることで、目的の項目を指定することもできます。このレッスンの例では、手順5で、［id］をクリックしてチェックマークを外し、［＜webctl aaname='名前'……］という項目を追加で選ぶことでも、同様に［名前］の項目に文字を入力できます。

［id］をクリックしてチェック
マークを外しておく

1 ［＜webctl aaname='名前'
……］をクリックしてチェッ
クマークを付ける

5 アンカーを指定する

［UI Explorer］が
起動した

現在選択されている要素のセレクターの
詳細な情報が表示される

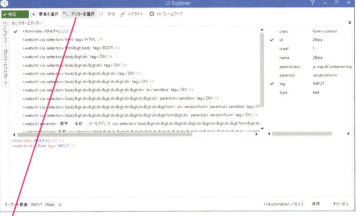

1 ［アンカーを選択］をクリック

6 ラベルを指定する

1 ［名前］を
クリック

アンカーとして「名前」ラベルをテキスト
ボックスを選択するための目印にする

❼ セレクターを編集する

ランダムに生成される［id］を、要素を特定するための項目から外す

1 ［id］をクリックしてチェックマークを外す

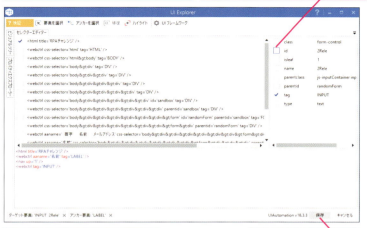

新しいセレクターが設定される

2 ［保存］をクリック

どうして［id］のチェックマークを外すの？

RPAチャレンジのページでは、テキストボックスを識別するために割り当てられるidがランダムで生成され、ページを読み込むたびに変更されます。このため、［id］を要素として選択しておくと、ページ上のidが変わっても、ワークフロー上の情報が古いままとなり、実行したときに要素を探せずにエラーになってしまいます。

❽ セレクターを確認する

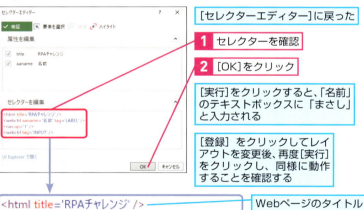

［セレクターエディター］に戻った

1 セレクターを確認

2 ［OK］をクリック

［実行］をクリックすると、「名前」のテキストボックスに「まさし」と入力される

［登録］をクリックしてレイアウトを変更後、再度［実行］をクリックし、同様に動作することを確認する

- Webページのタイトルを示す
- 「名前」というラベルを示す
- 1階層上のレベルを示す
- テキストボックスを示す

ここでは、「RPAチャレンジというWebページの中で、一階層上に名前というラベルがあるテキストボックス」という意味のセレクターとなる

Point

いろいろな方法で要素を指定できる

UiPath Studioでは、ほとんどの画面上の要素を直接指定できますが、Webページやアプリの仕様上、どうしても指定できない要素もあります。こうした要素を指定できるのが、ここで紹介した［アンカーベース］や相対要素の指定です。画面上にある別の手がかりを使って、操作の対象となる要素を特定できます。困ったときに頼りになる方法なので、ぜひ覚えておきましょう。

この章のまとめ

自動化の範囲を広げよう

これまでの章で、度々、扱ってきたデモアプリと異なり、企業における業務は、複数のアプリやいろいろなデータを使った複雑なものとなります。このため、UiPath Studioで業務を自動化するには、Excelだけでなく、メールやWebページなど、さまざまな対象を自動化するための方法を身に付けておく必要があります。メールやWebページのスクレイピングなどの基本はもちろんのこと、アンカーベースを使った自動化など、普通の方法では操作が難しいWebページの自動化方法も覚えておきましょう。また、ここではワークフローの特定の処理を抽出して呼び出す方法も紹介しました。この方法を使うと、作成した処理を再利用したり、複数のユーザーで共有できます。これらの方法を活用し、より自動化できる範囲を広げていくといいでしょう。

メールや Web ページからの読み取りや共有も可能
UiPath Studio からメールや添付ファイルの送受信をしたり、データスクレイピングで Web ページのデータを読み取ったりすることができる

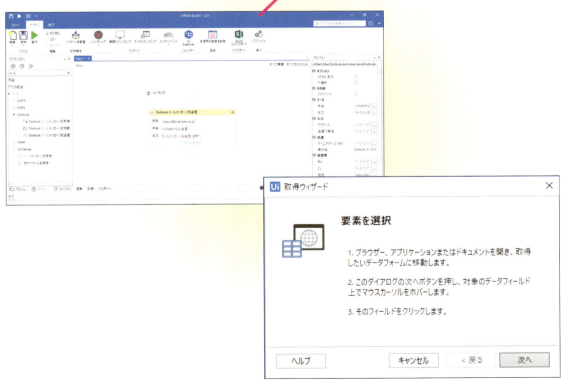

第 **5** 章

より高度な
テクニックを使おう

この章では、UiPath Studioをさらに使いこなすための
高度なテクニックを紹介します。たまに表示されるポップ
アップ画面への対処や和暦の扱い、外部Webサービスと
のAPI連携など、誰もが一度は「どうやればいいんだろ
う？」と悩むことを、さまざまなテクニックを使って解決
します。

●この章の内容

㉛ まれに表示されるポップアップ画面に
　 対応するには……………………………………………132
㉜ 失敗する可能性がある処理を実行するには………138
㉝ 変数を使って操作対象を動的に指定するには……142
㉞ Excelから特定のデータだけを抽出するには……146
㉟ 西暦から和暦へ変更するには ………………………150
㊱ ファイルが更新・追加されたことを
　 検知するには……………………………………………154
㊲ ファイルを確実にダウンロードするには…………158
㊳ 外部のWebサービスと連携させるには……………166
㊴ UiPathをより詳しく学ぶには ……………………174

レッスン 31

まれに表示されるポップアップ画面に対応するには

エラー発生時の設定

まれに表示されるダイアログボックスは、ワークフローの実行を止める可能性があるやっかいな存在です。その対処方法を見てみましょう。

■ 必ず発生するわけではない処理は［並列］で対応

自動化する処理によっては、特定の条件を満たしたときだけメッセージが表示されることがあります。こうした処理に対応するには、［並列］を使って、通常の処理と、ダイアログボックスに対応する例外的な処理が同じタイミングで実行されるようにすることで対処できます。

● ［並列］
複数の処理を記述することで、同じタイミングで異なる処理が実行されます。

◆［並列］
複数処理を同時に並列で処理する

実行する処理を並べておく

● ［条件］
［並列］のプロパティにある［条件］を使って処理を終了させる条件を指定できます。

◆［並列］の［条件］
処理を終了させる条件を指定できる

指定した変数を［True］に設定すると、一番早く終了する分岐が終わったら、ほかの終了していない分岐を待たずに終了する

 どんなシーンで使うの？

例えば、Excelファイルであれば、次のようなときにダイアログボックスが表示されることがあります。こうしたファイルを扱う可能性がある場合は、［並列］で表示されたメッセージへの対処を記述しておくといいでしょう。

・ファイルが読み取り専用で開くように設定されているとき
・共有フォルダーのファイルがほかのユーザーによって開かれているとき
・マクロ有効ブックにデータを書き込んで保存しようとしたとき

 このレッスンで使う変数

このレッスンでは、次の変数を使いますワークフロー内で登場する変数の用途を確認しておきましょう。

●celDat
型：GenericValue
用途：Excelファイルから読み取った値を格納する

●chkFlag
型：Boolean
用途：処理の成否をチェックして［並列］を抜ける

 **「Boolean」って何？**

Boolean（ブーリアン）は、「True（真）」と「False（偽）」の2つの値のみを格納する型です。値を比較したり、分岐条件をチェックしたいときなどに利用します。

1 [Excelアプリケーションスコープ] を追加する

ここでは、Dドライブの [temp] フォルダーにあるExcelのマクロ有効ブック [dialog_macro.xlsm] を読み込む

Excelファイルを開いたときにマクロによって表示されるダイアログボックスに対処する

1 [Excelアプリケーションスコープ] を追加

2 「"d:¥temp¥dialog_macro.xlsm"」と入力

2 [セルを読み込む] を追加する

1 [セルを読み込む] を [実行] の中に追加

3 読み取ったセルを変数に格納する

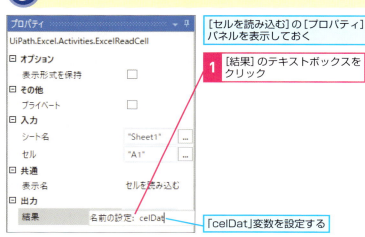

[セルを読み込む] の [プロパティ] パネルを表示しておく

1 [結果] のテキストボックスをクリック

「celDat」変数を設定する

このレッスンで使うExcelファイルを用意するには

このレッスンで使うマクロ有効ブック「dialog_macro.xlsm」は、137ページのテクニックを参考に作成できます。もちろん、別のダイアログボックスが表示されるファイルやアプリを使って、処理を試すこともできます。

厳密な意味での並列ではない

[並列] は複数の処理を実行するアクティビティですが、それぞれの処理が完全に同時に実行されるわけではありません。少しずつタイミングをずらしながら複数の処理が実行されます。このため、複数の処理を完全にタイミングを合わせて実行することはできません。

Excelファイルを読み取り専用で開くには

重要なデータが記録されたExcelファイルを扱うときは、読み取り専用で開くといいでしょう。[Excelアプリケーションスコープ] の [プロパティ] パネルで、[読み込み専用] をクリックしてチェックマークを付けると、誤ってデータを書き換えてしまうことを避けられます。

[読み込み専用] をクリックしてチェックマークを付ける

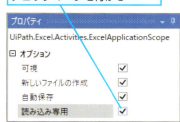

次のページに続く

❹ 読み取った値を表示する

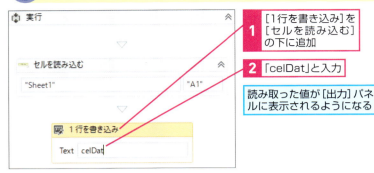

1 [1行を書き込み]を[セルを読み込む]の下に追加
2 「celDat」と入力

読み取った値が[出力]パネルに表示されるようになる

HINT! ダイアログボックスが表示されないときは

このレッスンで使用しているExcelファイルは、ランダムでダイアログボックスを表示します。このため、手順6でダイアログボックスが表示されないことがあります。ダイアログボックスが表示されるまで、何度かワークフローを実行してみましょう。

❺ [並列]を追加する

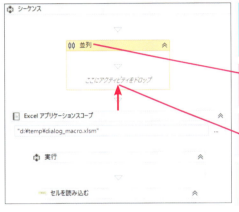

Excelを起動してダイアログボックスが表示されたときに、[OK]をクリックする処理を追加

1 [並列]を[Excelアプリケーションスコープ]の上に追加
2 [Excelアプリケーションスコープ]を[並列]の中にドラッグ

[Excelアプリケーションスコープ]を[並列]の中に移動できた

HINT! 処理によって[並列]の配置場所が変わる

このレッスンの例で使っているExcelファイルは起動時にマクロが実行されるため、ファイルが開く前にダイアログボックスが表示されます。このため、[並列]の中に、[Excelアプリケーションスコープ]と[クリック]を配置して、Excelファイルを開く処理と、ダイアログボックスで[OK]をクリックする処理が、同じタイミングで開始されるように設定しています。
Excelファイルが開いた後にマクロが実行される場合など、ダイアログボックスが表示されるタイミングがファイルを開く処理よりも後になるときは、[Excelアプリケーションスコープ]内に[並列]を配置しなければならない場合もあります。

❻ クリックするダイアログボックスを表示する

Dドライブの[temp]フォルダーにある[dialog_macro.xlsm]を開き、ダイアログボックスを表示する

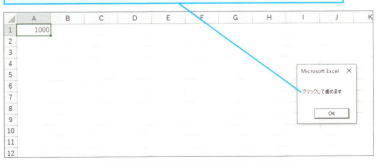

ダイアログボックスが表示されないときは、表示されるまで[dialog_macro.xlsm]を開く操作を繰り返す

7 [クリック]を追加する

[クリック]と[Excelアプリケーションスコープ]を並列で処理する

1 [クリック]を[Excelアプリケーションスコープ]の左に追加

2 [画面上で指定]をクリック

8 クリックする場所を指定する

1 Excel上のダイアログボックスにある[OK]をクリック

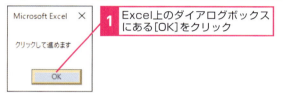

クリックする場所が指定された

Excel上で[OK]をクリックしてダイアログボックスを閉じ、Excelも終了しておく

9 [代入]を追加する

1 [代入]を[並列]の上に追加

「chkFlag」変数を設定する

10 変数の型を変更する

画面下の[変数]をクリックして[変数]パネルを表示し、変数の型を変更する

1 [chkFlag]の[GenericValue]をクリック

2 [Boolean]をクリック

[変数]をクリックして[変数]パネルを閉じておく

HINT! 実際にクリックしたい画面でクリック先を指定する

クリック先を指定するときは、クリック先のアプリや画面、ボタンなどを正確に指定する必要があります。手順7〜8でクリック先を指定するときは、必ず、実際に処理を実行する画面を表示した状態で、クリック先を指定してください。似たような画面や、[OK]と表示されたボタンでも、実際の画面と異なれば処理を実行できません。

HINT! [並列]に中断される可能性がある処理があるときは

[並列]に内に並べた処理の中に、例外が発生する可能性があるものが含まれるときは、そのアクティビティのプロパティで、タイムアウトやエラー発生時の実行の継続を設定しておきましょう。[タイムアウト]を指定すると、処理が一定時間実行されなかったときに中断でき、[エラー発生時に実行を継続]を[True]にしておくと、タイムアウトやエラーなどが発生しても、全体の処理をそのまま継続できます。

[タイムアウト(ミリ秒)]で指定した時間内にアクティビティが実行されないと、処理が中断される

[True]を設定すると、アクティビティがタイムアウトやエラーで中断されても、全体の処理が継続される

次のページに続く

フラグの初期値を指定する

手順9で追加した[代入]で、フラグが「False」の状態で処理がスタートするよう設定する

1 [代入]の右のテキストボックスをクリック
2 「False」と入力

[条件]が「True」になると処理を抜ける

[並列]の[プロパティ]パネルにある[条件]は、[並列]処理を終了させる条件を指定する項目です。入力した変数が「True」になった時点で、[並列]のすべての処理を終了します。

 ## 処理が完了したときのフラグを設定する

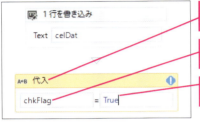

1 [代入]を[1行を書き込み]の下に追加
2 左のテキストボックスに「chkFlag」と入力
3 右のテキストボックスに「True」と入力

目的のセルの値を読み込めた場合に、フラグ(chkFlag)が「True」になる

そのほかのアプリにも応用できる

ここでは、Excelを例に説明しましたが、一般的なアプリを自動化する場合でも、同じような対応が必要になることがあります。[並列]を使って、例外的な処理も実行できるようにしておきましょう。

 ## [並列]の条件を設定する

[並列]をクリックして[プロパティ]パネルを表示しておく

1 [条件]のテキストボックスをクリック
2 「chkFlag」と入力

「chkFlag」変数が「True」の場合に[並列]の処理を抜ける

Point
例外的な処理は[並列]で配置する

ワークフローの途中に、実行されるかどうかが分からない処理があると、そこで処理が中断してしまう可能性があります。こうした例外的な処理は、[並列]を使って記述し、万が一、実行されなかったときでも、ほかの処理が一緒に中断されないようにしておきましょう。並列で2つの処理が記述されていますが、ダイアログボックスが表示される場合は両方の処理が実行され、ダイアログボックスが表示されないときは片方（このレッスンではExcelアプリケーションスコープの処理）だけが実行されます。片方しか実行されないことを想定して、フラグを使って[並列]処理を抜けられるようにしておくのも重要です。

実行結果を確認する

1 画面左上の[実行]をクリック

Excel上でダイアログボックスが表示されたときは[OK]をクリックしてからセルの値を読み込み、[出力]パネルに表示する

ダイアログボックスが表示されないときは、そのままセルの値を読み込んで、[出力]パネルに表示する

2 画面左下の[出力]をクリック
3 セルA1に入力された値を確認

第5章 より高度なテクニックを使おう

136 できる

テクニック マクロ有効ファイルを作成するには

このレッスンでは、画面が表示されたり、されなかったりするアプリの例として、ランダムでダイアログボックスを表示するExcelファイルを使用しています。解説した手順を試すためのアプリが身近にないときは、次の手順を参考にマクロ有効ファイルを作成してワークフローを試してみましょう。マクロ有効ファイルは、数行のコードを書くだけで簡単に作成できます。

1 [開発]タブを表示する

Excelを起動した後、[ファイル]タブ-[オプション]の順にクリックして、[Excelのオプション]ダイアログボックスを表示しておく

- 1 [リボンのユーザー設定]をクリック
- 2 [開発]をクリックしてチェックマークを付ける
- 3 [OK]をクリック

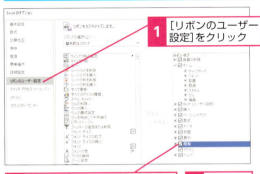

2 Visual Basic を起動する

新規ブックをExcelで開いておく

- 1 [開発]タブをクリック
- 2 [Visual Basic]をクリック

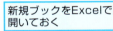

3 コード画面を表示する

Visual Basicが起動した

- 1 [ThisWorkbook]をダブルクリック

「Book1」が表示され、コードが記述できるようになった

4 コードを記述する

- 1 以下のようにコードを入力
- 画面右上の[閉じる]をクリックしてVisual Basicを終了する

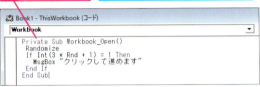

```
Private Sub Workbook_Open()
  Randomize
  If Int(3 * Rnd + 1) = 1 Then
    MsgBox "クリックして進めます"
  End If
End Sub
```

5 マクロ有効ファイルとして保存する

このレッスンで参照する値「1000」を、セルA1に入力しておく

[ファイル]タブ-[名前を付けて保存]-[参照]の順にクリックする

[名前を付けて保存]ダイアログボックスが表示された

- 1 保存先とファイル名を指定
- 2 [ファイルの種類]で[Excelマクロ有効ブック]を選択
- 3 [保存]をクリック

個人情報に関するメッセージが表示されたときは、[OK]をクリックする

6 マクロを有効化する

- 1 保存したExcelファイルを開く
- 2 [コンテンツの有効化]をクリック

ランダムでダイアログボックスが表示されるので、何度か実行して動作を確認する

31 エラー発生時の設定

レッスン 32

失敗する可能性がある処理を実行するには

リトライスコープ

> ワークフローは、いつも正常に動作するとは限りません。例外が発生した場合でも処理を続けることができるようにしてみましょう。

■ [リトライスコープ]で例外発生時に処理をやり直す

想定できないエラーや実行環境に依存するトラブルなどで、ワークフローが止まってしまう可能性があるときは、[リトライスコープ]アクティビティを使って、例外が発生しても処理をやり直せるようにしておきます。

●[リトライスコープ]

例外が発生したときや指定した条件を満たさなかったときに、このアクティビティで囲まれた処理が繰り返し実行されます。

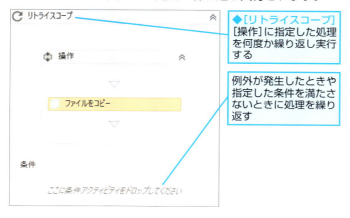

◆[リトライスコープ]
[操作]に指定した処理を何度か繰り返し実行する

例外が発生したときや指定した条件を満たさないときに処理を繰り返す

●回数や間隔を指定できる

リトライは、標準では5秒おきに3回実行されますが、プロパティパネルから、回数や間隔を調整できます。

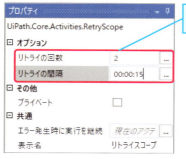

繰り返し回数や繰り返し間隔を指定する

> **HINT!**
> **リトライのベストプラクティス**
>
> 例外対策は重要ですが、ワークフロー内に潜む「失敗する可能性」をすべて想定するのは現実的ではありません。個別の対処に追われ、ワークフロー内が[リトライスコープ]だらけになることも想定できます。このため、Citrix環境（仮想マシン）など、どこで失敗するか想定しにくい処理の場合は、処理全体を[リトライスコープ]で囲み、どこかで失敗した場合は、アプリケーション自体を起動し直して、はじめから処理をやり直すような使い方をするといいでしょう。

> **HINT!**
> **ファイルのコピーで動作を確認**
>
> ここでは、[ファイルをコピー]を使って、ローカルのExcelファイルをネットワーク上の共有フォルダーにコピーする処理を実行させます。ネットワークに接続されている場合と、ネットワークから切断している場合で、処理がどう変わるのかを確認しましょう。

1 ［ファイルをコピー］を追加する

ネットワークトラブルで開けなかったときを想定してワークフローを作成する

ネットワーク上の共有フォルダーにあるExcelファイルをローカルフォルダーにコピーしておく

1 ［ファイルをコピー］を追加

2 元ファイルのパスとコピーの保存先を設定する

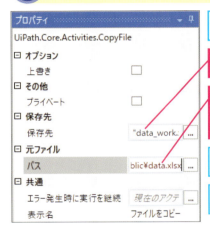

［ファイルをコピー］の［プロパティ］パネルを表示しておく

1 ［保存先］のテキストボックスに「"data_work.xlsx"」と入力

2 ［パス］のテキストボックスに「"¥¥サーバー名¥共有フォルダー名¥ファイル名"」の形式で入力

ここでは、「"¥¥192.168.1.170¥Public¥data.xlsx"」と入力する

サーバー名や共有名、ファイル名は環境に合わせて設定する

3 エラーメッセージを確認する

1 ［実行］をクリック

通常は正常に処理が完了するが、ネットワークに問題があるときは、エラーメッセージが表示される

2 ［OK］をクリック

以降の手順で、エラーになった場合、再度処理を行う設定を追加する

 共有フォルダーを指定するには

［ファイルをコピー］で、元ファイルや保存先にネットワーク上の共有フォルダーを指定したいときは、「¥¥サーバー名¥共有名」の形式で指定します。

回数や間隔は処理に合わせて設定しよう

［リトライスコープ］での処理は、標準では5秒おきに3回繰り返されますが、処理によっては間隔が短すぎたり、回数が適切でないこともあります。ここで設定したネットワークのトラブルが想定される場合などは、最初の失敗から5秒後に2回目の処理を繰り返しても、その間に接続が回復しているとは限らないため、ある程度、間隔を長く設定しておく必要があります。このように、処理に合わせて、間隔や回数を調整することが重要です。

次のページに続く

④ [リトライスコープ] を追加する

ネットワークの混雑など、一時的な障害で処理を中断させないため、処理をリトライさせる

1 [リトライスコープ]を[ファイルをコピー]の上に追加

繰り返し処理したいアクティビティを[操作]の中に配置する

2 [ファイルをコピー]を[操作]の中にドラッグ

⑤ [ファイルをコピー] が移動した

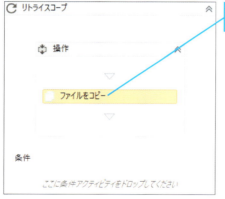

[ファイルをコピー]が移動できた

⑥ 設定を変更する

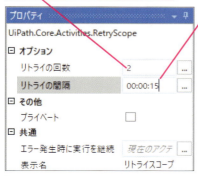

1 [リトライの回数]を「2」に変更

2 [リトライの間隔]を「15」(秒)に変更

[実行]をクリックすると、ネットワーク上の共有フォルダーにアクセスできなかった場合、15秒ごとに2回、処理が繰り返される

 繰り返しても成功しなかったときは例外となる

[リトライスコープ]で指定された回数、処理が繰り返されても、結局、処理が成功しなかったときは、例外が発生します。例外となった場合に、処理を継続するのか、それとも止めるのか、継続する場合はどこから継続するのかは、プロパティパネルの[エラー発生時に実行を継続]の設定によって決まります。

・[リトライスコープ] そのものを「True」に設定
　例外が発生すると、[リトライスコープ]の中にある処理はその場で中断され、[リトライスコープ]の次にあるアクティビティが実行される

・[リトライスコープ] 内の特定の処理を「True」に設定
　[リトライスコープ]内の次の処理が実行され、さらに[リトライスコープ]の次に配置された処理も実行される

Point
止まりにくいワークフローを作ろう

ワークフローの実行時に、何らかの例外が発生することは、決して珍しいことではありません。ここで取り上げたネットワークの混雑など、偶発的な例外によって、ワークフローがたびたび止まってしまうのでは安定した運用は望めないでしょう。そこで活用したいのが[リトライスコープ]です。処理を繰り返させることで、止まりにくくなる工夫をしておきましょう。

テクニック 条件を指定するには

このレッスンの手順では、処理がタイムアウトする状況を例外として判断させていますが、[条件]の部分を指定することで、特定の条件を満たしたときに繰り返しを停止させることもできます。例えば、Webアプリで、入力が確定したときに表示される画面の情報（特定の画像や発行された採番）が検出できないときに、処理を繰り返させることなどができます。なお、条件に指定できるアクティビティは、[コレクション内での有無][OCRでテキストの有無を確認][要素の有無を検出][画像の有無を確認][テキストの有無を確認]などです。

1 Excel ファイルを準備する

1 1から6までの数字がランダムに入力されるように設定する
2 ExcelファイルのセルA1に、「=RANDBETWEEN(1,6)」と入力する

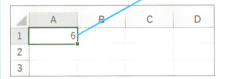

「data.xlsx」というファイル名で保存しておく

2 [Excel アプリケーションスコープ]を追加する

1 [Excelアプリケーションスコープ]を追加
2 "data.xlsx"と入力

3 [リトライスコープ]を追加する

1 [実行]の中に[リトライスコープ]を追加

[リトライの回数][リトライの間隔]は変更せずに進める

4 [ホットキーを押下]を追加する

1 [ホットキーを押下]を[リトライスコープ]の[操作]の中に追加
　F9 キーを押して、再計算する処理を設定する

[画面上で指定]をクリックして、Excelの画面を指定しておく
2 [f9]を選択

5 [OCRでテキストの有無を確認]を追加する

ExcelファイルのセルA1の値が「5」になった場合に、リトライを終了させるよう、条件を設定する

1 [条件]に[OCRでテキストの有無を確認]を追加
2 [画面上で指定]をクリックして、セルA1の値をドラッグして囲む

3 「"5"」と入力

[実行]をクリックすると、セルA1の値が「5」になったときに処理が終了する

32 リトライスコープ

レッスン 33

変数を使って操作対象を動的に指定するには

セレクターの編集

カレンダー上の今日の日付など、画面上の要素を動的に指定したいときは、変数を使って「セレクター」を指定します。具体的な方法を見てみましょう。

セレクターの要素を変数で変動させる

ボタンやテキストボックスなど、画面上の要素を特定するには「セレクター」を使いますが、このセレクターにはワイルドカードや変数を含めることができます。これにより、例えばカレンダー上の特定の日付を変数で指定してクリックすることなどができます。

●ワイルドカード

セレクターには、「*」や「?」などのワイルドカードを使えます。これにより、例えばWebページのタイトルが変更される可能性があるときなどでも操作対象を見失うことを避けられます。

[セレクターエディター]でセレクターを編集する

ワイルドカードも使用できる

●セレクターで変数を使う

セレクターに変数を含めると、変数の部分の文字列や数値を変動させることで、動的に画面上の要素を指定することができます。

[式エディター]でセレクターを式として編集する

変数を使ってセレクターを動的に変更する

どのようなシーンで使えるの？

ここではGoogleカレンダーの日付をクリックしていますが、請求書や経費精算などのアプリで画面上のカレンダーを使って日付を入力するときなどに活用できます。また、社員リストを読み込んで、グループウェアや人事系アプリの画面上に表示された社員名のボタンを次々にクリックするといった使い方もできます。

このレッスンで使う変数

このレッスンでは、次の変数を使います。ワークフロー内で登場する変数の用途を確認しておきましょう。

●clickDate
型：GenericValue
用途：クリックする日付を格納する

1 Googleカレンダーを表示する

ここでは、Googleカレンダーの日付をクリックするように設定する

Googleカレンダーを開き、ログインしておく

2 [クリック]で日付をクリックする

1 [クリック]を追加
2 [画面上で指定]をクリック

Googleカレンダーで任意の日付をクリックする

Googleカレンダーの日付が指定できた

3 セレクターを編集する

1 [ターゲット]の[+]をクリック

[ターゲット]が展開された

2 [セレクター]の右側にある[…]をクリック

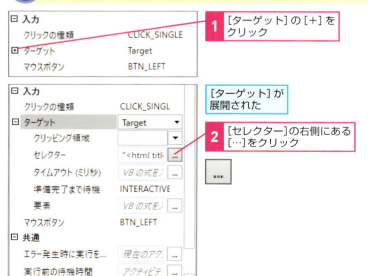

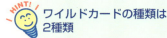
ワイルドカードの種類は2種類

UiPath Studioで使えるワイルドカードは「*」と「?」の2種類です。それぞれの違いを確認しておきましょう。

- *
  複数の文字を表す。例えば「A*」なら「AB」も「ABC」も「ABC…XYZ」もマッチする
- ?
  特定の1文字を表す。例えば「A*」なら「AB」や「AC」「AZ」はマッチするが、「ABC」や「ABCD」はマッチしない

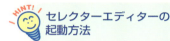
セレクターエディターの起動方法

ここでは、手順3で[プロパティ]パネルからセレクターエディターを起動していますが、手順2の下の画面で[クリック]の右側にあるオプションメニューボタンをクリック後、[セレクターを編集]を選んでも構いません。

事前に構造を確認しておこう

操作対象となるWebページによっては、変数を使って、うまく目的のセレクターを指定できないこともあります。このレッスンのカレンダーのように、セレクターに含まれる要素の規則性が確認しやすい場合は問題ありませんが、そうでない場合はかえって複雑な処理になってしまうこともあります。UI Explorerを使って、事前にWebページやアプリの構造を確認しておくことをおすすめします。

次のページに続く

33 セレクターの編集

❹ [title] にワイルドカードを設定する

[セレクターエディター]が起動した

1 「Googleカレンダー - xxxx年xx月」をクリック

何月のカレンダーを表示しているときでも処理できるように、セレクターのページタイトルをワイルドカードに変更する

2 「*」と入力

3 [OK]をクリック

HINT! どうしてタイトルにワイルドカードを含めるの？

Googleカレンダーでは、「Googleカレンダー - xxxx年xx月」のように、Webページのタイトルに月が含まれます。そのままでは、ワークフローを作成した月は、問題なく動作しますが、別の月になったときに操作対象のページを特定できずにエラーになってしまいます。このため、ワイルドカードに置き換えています。もちろん、手順4で「Googleカレンダー - xxxx年xx月」のように指定しても構いませんし、不要なら［title］のチェックを外してしまっても構いません。

HINT! 動作を確認してみよう

手順4の時点で、いったん動作を確認してみましょう。Googleカレンダーの表示を別の月に変えても、同じ日付をクリックできれば成功です。

❺ [代入] を追加して変数を設定する

クリックする日付を変数で指定できるように設定する

1 [代入]を[クリック]の上に追加

左のテキストボックスに「clickDate」変数を設定する

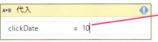

2 日付（ここでは「10」）を入力

❻ [セレクター] を編集する

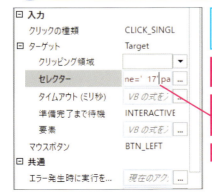

[クリック]をクリックして、[プロパティ]パネルを表示しておく

1 [セレクター]のテキストボックスをクリック

2 「aname = '17'」（数字は手順2でクリックした日付）の後ろにカーソルを移動

3 Backspaceキーを3〜5回押す

❼ 日付を削除する

日付を示す「17'」が削除された

1 [セレクター]の右端にある[…]をクリック

セレクターを編集し、一時的に不完全にすることで、[式エディター]が起動するようにする

❽ セレクターに変数を指定する

[式エディター]が起動した

1 「aaname=」の後ろにカーソルを移動

2 「'" + clickDate + "'」と入力

3 [OK]をクリック

[実行]をクリックすると、「clickDate」に指定した値の日付がクリックされる

手順5の値を変更したり、Googleカレンダーの別の月を表示して、動作を確認しておく

●セレクターの読み方と変更について

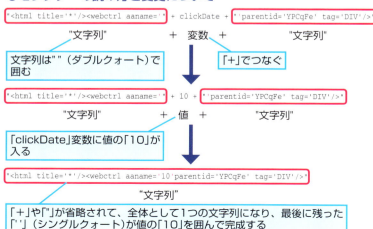

HINT! 式エディターを使おう

セレクターに変数を含めたいときは、セレクターエディターではなく、式エディターを使うと便利です。手順8でセレクターの一部を削除して不完全にすると、セレクターエディターではなく、式エディターが起動します。式エディターを使うと、長い文字列を編集しやすくなります。

HINT! 文字列の「" "」と変数を「+」でつなぐ

セレクターに変数を含めるときは、文字列は「" "」で囲み、変数はそのまま記述します。このため、文字列の間に変数を入れたいときは、文字列を前半と後半に分けて、それぞれを「" "」で囲み、間の変数を「+」を使ってつなぎます。

Point
いろいろな要素を操作できるようになる

このレッスンで紹介したように、セレクターに変数を含めると、各種関数やワークフロー内の計算によって、画面上の操作対象を動的に指定できます。本書では、今日の日付や月末の日付を求める方法を紹介していますので、こうした例を組み合わせることで、業務アプリの自動化にも役立つはずです。いろいろな工夫ができるので、活用してみましょう。

レッスン 34

Excelから特定のデータだけを抽出するには

範囲内で検索、フィルターウィザード

Excelでさまざまなデータを管理しているときは、その中から特定のデータだけを取り出したいことがあります。データを抽出する方法を見てみましょう。

検索とフィルタリングを使おう

Excelから特定のデータを探す方法はいくつかあります。必要なデータがあるセルを知りたいときは［範囲内で検索］を、特定の値が含まれる行だけを抽出したいときは［データテーブルをフィルタリング］を使いましょう。

●［範囲内で検索］

指定した値をExcel上で検索し、そのセル（D9など）を返します。

◆［範囲内で検索］
指定した値がどのセルにあるのかを検索する

ワークシートや範囲を指定して検索する

検索する値を変数で指定する

●［データテーブルをフィルタリング］

Excelから読み込んだデータテーブルを一定の条件でフィルタリングします。値が含まれる／含まれない場合、一定の値以上／以下の場合などを指定できます。

◆［データテーブルをフィルタリング］
データテーブルから特定の値を抽出する

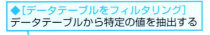

入力と出力のデータテーブルを指定する

「=」や「<>」「Is Empty」「Contains」などで条件を指定する

HINT! Excelで加工しておくのも1つの手

よく使うデータやいろいろなワークフローで使う可能性があるデータは、UiPath Studio側で探したり、フィルタリングするのでなく、Excel側で用意しておく方が効率的なうえ、処理の高速化も期待できます。Excelの関数などを使って別のワークシートにデータを抽出してからそのワークシートを読み込みましょう。

HINT! 取得したセル番号を使ってほかの処理をする

［範囲内で検索］で取得できるのは、指定した値が入力されているセル番号（D9のような形式）です。このため、このセルの値を使って、さらに別の処理をします。例えば、請求書ファイルから「合計金額」の右側にある金額を取り出したいなら、［セルを読み込む］で取得したセル番号をずらして指定することで、値を取得します。

HINT! このレッスンで使う変数

このレッスンでは、次の変数を使います。ワークフロー内で登場する変数の用途を確認しておきましょう。

●targetCell
型：GenericValue
用途：検索したセル番号を格納する

範囲を検索する

特定のデータがExcel上のどのセルにあるかを調べてみましょう。例えば、請求書など、文書形式のファイルから合計金額などの特定のデータを取り出したいときに便利です。

1 検索対象のファイルと、検索する数値を指定する

ここでは、レッスン㉟で取得したCSVファイルをxlsx形式で保存し、「11640」の数値を検索する

Excelファイル［data.xlsx］を、プロジェクトフォルダーに移動しておく

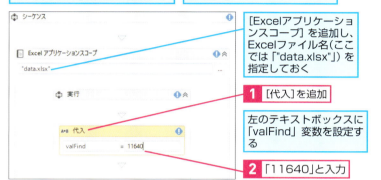

［Excelアプリケーションスコープ］を追加し、Excelファイル名（ここでは［"data.xlsx"］）を指定しておく

1 ［代入］を追加

左のテキストボックスに「valFind」変数を設定する

2 「11640」と入力

2 ［範囲内で検索］を追加する

1 ［範囲内で検索］を［代入］の下に追加

2 検索対象のシート名（ここでは「"data"」）を入力

3 検索範囲（ここではワークシート全体を表す「""」）を入力

［プロパティ］パネルにある［結果］のテキストボックスをクリックして「targetCell」変数を設定

4 検索値（ここでは「valFind」）を入力

3 見つかったセル番号を表示する

1 ［メッセージボックス］を［範囲内で検索］の下に追加

2 「targetCell.ToString」と入力

［実行］をクリックすると、「11640」の数値が入力されたセル番号（ここではセルD9）が表示される

HINT! 直接検索する値を指定してもいい

ここでは、検索したい値をいったん変数に格納してから、［範囲内で検索］で検索していますが、［範囲内で検索］に直接検索したい値を指定しても構いません。「valFind」の代わりに「"11640"」や「"宿泊費"」などと指定することもできます。

HINT! 該当する値が複数あるときは

［範囲内で検索］では、Excel上に見つかった最初のセルを返します。このため、指定した値を含むセルがExcel上に複数あったとしても、最初に見つけたセル番号しか返しません。複数候補があるときは、フィルタリングを使った方が効率的です。

HINT! 実行結果はどのように表示される？

手順3で［実行］をクリックすると、メッセージボックスにセル番号が表示されます。確認が終わったら、［OK］をクリックしてメッセージボックスを閉じましょう。

このレッスンでは、「D9」と表示される

次のページに続く

データテーブルをフィルタリング

「仮払いデータのみ」や「特定の金額以上」など、条件を指定してデータを抽出したいときは［データテーブルをフィルタリング］でデータを抽出します。

［テーブルをフィルター］も使える

UiPath Studioには、Excel上のテーブルを直接操作できる［テーブルをフィルター］というアクティビティも用意されています。あらかじめExcel上でデータをテーブルとして定義しておく必要がありますが、この機能を使うことで、Excel上で直接、特定のデータを抽出することができます。なお、［テーブルをフィルター］では、条件を［プロパティ］パネルの［フィルターオプション］で指定しますが、「{"交通費"}」のように「{}」で囲んだ配列として値を指定する必要があります。

 ［Excelアプリケーションスコープ］を追加する

前ページの手順1を参考に、Excelファイル［data.xlsx］をプロジェクトフォルダーに移動しておく

1 ［Excelアプリケーションスコープ］を追加
2 Excelファイル名（ここでは「"data.xlsx"」）を入力

［テーブルをフィルター］では、Excelのテーブルを直接操作できる

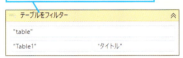

データを読み込む

1 ［範囲を読み込む］を［実行］の中に追加
2 シート名（ここでは「"data"」）を入力

［プロパティ］パネルにある［データテーブル］のテキストボックスをクリックして「dtData」変数を設定する

［プロパティ］パネルにある［フィルターオプション］では、「{}」で囲った配列として指定する

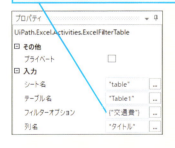

条件が合ったときの処理を追加する

1 ［データテーブルをフィルタリング］を［範囲を読み込む］の下に追加
2 ［フィルターウィザード］をクリック

［フィルターウィザード］で入出力のテーブルを指定する

［フィルターウィザード］が起動した

1 ［入力データテーブル］に「dtData」と入力

手順2と同様に、［出力データテーブル］に「dtKaribarai」変数を設定する

テクニック Excel関連のアクティビティを確認しよう

UiPath Studioには、Excelを操作するためのさまざまなアクティビティが搭載されていますが、バージョンアップのタイミングで新機能が次々に追加されています。バージョン2018.3で追加された機能は次の通りです。

アクティビティ名	詳細
テーブルを作成	Excelの指定範囲をテーブルとして定義する
行の挿入・削除	行を追加／削除ができる
列の挿入・削除	列を追加／削除ができる
VBAの呼び出し	ExcelのVBAを呼び出す
範囲内で検索	特定の値を持つセル番号を調べる
ワークブックのシートを取得	インデックスで指定したシート名を取得する
ワークブックの全シートを取得	Excelにあるすべてのシート名を取得する

アクティビティ名	詳細
重複行を削除	範囲内で重複する行を削除する
範囲を削除	指定範囲を削除する
範囲をコピー・貼り付け	指定範囲をコピーし、別の場所に貼り付ける
ピボットテーブルを更新	指定したピボットテーブルを更新する
ピボットテーブルを作成	指定したテーブルからピボットテーブルを作成する
選択範囲を取得	Excel上で選択した範囲を取得する
シートをコピー	シートをコピーする

5 フィルターを設定する

Excelファイル上でC列（種別）の値が「"仮払"」のデータのみを抽出する

1. フィルターする列（ここでは「2」）と入力
2. ここをクリックして操作式（ここでは「=」）を選択
3. 値（ここでは「"仮払"」）を入力
4. ［OK］をクリック

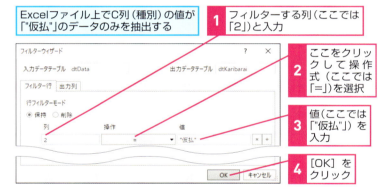

 列を数字で指定するときは

ここでは、手順5で列を「2」と番号で指定しています。番号は0から数えられるので、列A→0、列B→1、列C→2となります。もちろん、「"種別"」と見出しを指定することもできます。

6 別シートに抽出結果を書き込む

1. ［範囲に書き込む］を［フィルターウィザード］の下に追加
2. 新しいシート名（ここでは「"フィルター済み"」）と入力
3. 「dtKaribarai」と入力

［実行］をクリックすると、手順5で設定した抽出データが、新しいシート（「フィルター済み」）に書き込まれる

Point
Excelデータを高い自由度で扱える

Excelのデータは、［範囲を読み込む］でまとめて読み込んでしまうのが簡単です。しかし、データが大量にあると、扱いが煩雑になるうえ、処理時の負荷も高くなります。［範囲内で検索］や［データテーブルをフィルタリング］を使って、必要なデータだけを選んで活用しましょう。UiPath Studioでは、このようにExcelを扱うためのアクティビティが豊富にあるため、データをさまざまな形で活用できます。

レッスン 35

西暦から和暦へ変更するには

変数とインスタンス

業務内容によっては、西暦ではなく和暦を使うことも少なくありません。UiPath Studio上で和暦を扱うための方法を確認しておきましょう。

VB.NETの機能を活用する

レッスン⑬を参考にすれば「11月28日」のような表記は簡単にできますが、年に関しては工夫が必要です。UiPath Studioでは、そのままでは和暦を扱うことができませんが、VB.NETの機能を活用することで、元号を使った和暦で年を表すことができます。

●「CultureInfo」と「JapaneseCalendar」

VB.NETの「CultureInfo」と「JapaneseCalendar」を利用することで、「平成31」のような元号付きの和暦で年を表すことができます。

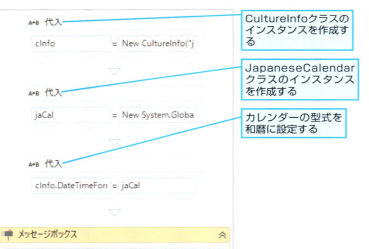

CultureInfoクラスのインスタンスを作成する

JapaneseCalendarクラスのインスタンスを作成する

カレンダーの型式を和暦に設定する

「gg」で「平成」と元号が表示される

「,cInfo」で和暦が指定される

 年号が変更される可能性を考慮しよう

現在の元号である「平成」は、2019年5月1日に変更されることが決定しています。それまでの間であれば、この方法で和暦を扱うことができますが、変更後は環境によって新しい元号を扱えない可能性があります。どうしても必要な場合のみ使うようにして、通常は西暦を使う方が確実です。

 このレッスンで使う変数

このレッスンでは、次の変数を使います。ワークフロー内で登場する変数の用途を確認しておきましょう。

● cInfo
型：CultureInfo
用途：国を指定する情報を格納する

● jaCal
型：JapaneseCalendar
用途：和暦の情報を格納する

1 [変数]パネルを表示する

最初に、新しい変数を2つ定義する

1 [シーケンス]を追加

2 画面下の[変数]をクリック

[変数]パネルが表示された

3 [変数の作成]をクリック

あらかじめ変数を定義しておく

UiPath Studioでは、アクティビティの画面で直接、変数を作成することができるため、必要になったタイミングで変数を作ることがよくありますが、ここでは先に変数を作成しておきます。通常はあまり使わない型の変数なので、間違えないように設定しておきましょう。

2 「cInfo」変数を定義する

System.Globalization.CultureInfo型の「cInfo」変数を定義する

1 [名前]に表示された仮の変数名を削除

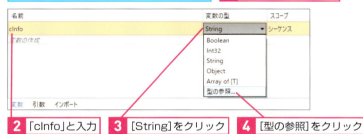

2 「cInfo」と入力　3 [String]をクリック　4 [型の参照]をクリック

似たような型に注意

手順3で、「Culture」で始まる型は複数リストアップされます。ここで指定しているのは、「mscorlib」の「System.Globalization」にある「CultureInfo」です。型を間違えないように注意しましょう。

3 型を変更する

[参照して.Netの種類を選択]ダイアログボックスが表示された

1 「culture」と入力

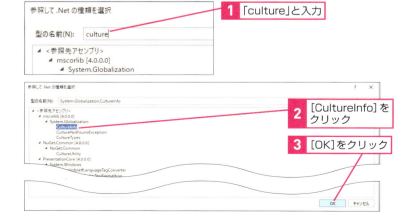

2 [CultureInfo]をクリック

3 [OK]をクリック

次のページに続く

「jaCal」変数を定義する

System.GlobalizationJapanese.
Calendar型の「jaCal」変数を定義する

前ページの手順2を参考に、変数を
作成し、「jaCal」と名前を変更する

1 [String]を
クリック

2 [型の参照]を
クリック

 **System.Globalizationから選ぶ**

ここで利用する「jaCal」変数は、「mscorlib」の「SystemGlobalization」にある「JapaneseCalendar」です。似たような型がいくつかあるので間違えないようにしましょう。

 西暦を和暦に変換するには

ここでは、現在の年を和暦で表示していますが、特定の日付も和暦に変換できます。変換したい日付を「System.DateTime」型の変数（例えばBirthDay）に格納してから、「BirthDay.ToString ("D",cInfo)」とします。

型を変更する

[参照して.Netの種類を選択]ダイアログ
ボックスが表示された

1 「japan」と入力

2 [JapaneseCalendar]をクリック

3 [OK]をクリック

[変数]をクリックして、[変数]
パネルを閉じておく

6 インスタンスを作成する

NewでCultureInfoクラスのインスタンスを作成し、プロパティとして「ja-JP」を設定する

1 [代入]を追加

2 左のテキストボックスに「cInfo」と入力

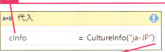

3 右のテキストボックスに「New CultureInfo("ja-JP")」と入力

7 もう1つインスタンスを作成する

続けて、System.Globalization.JapaneseCalendarクラスのインスタンスを作成する

1 [代入]を追加

2 左のテキストボックスに「jaCal」と入力

3 右のテキストボックスに「New System.Globalization.JapaneseCalendar」と入力

8 カレンダーの形式を和暦に設定する

1 [代入]を追加

2 左のテキストボックスに「cInfo.DateTimeFormat.Calendar」と入力

3 右のテキストボックスに「jaCal」と入力

9 年号を表示する

1 [メッセージボックス]を手順8の[代入]の下に追加

2 「DateTime.Now.ToString("ggyy",cInfo)」と入力

3 画面左上の[実行]をクリック

メッセージボックスに和暦が表示された

[OK]をクリックして、メッセージ画面を閉じておく

HINT! 「ggyy」が「平成xx」となる

この方法を使った場合、和暦で年を表す形式は「ggyy」となります。「gg」が平成などの元号、「yy」が年を表します。

HINT! cInfoを省略するとどうなる？

「DateTime.Now.ToString("ggyy", cInfo)」の最後の「,cInfo」を省略すると、「A.D.18」と表示されます。これはcInfoで日本のカレンダーの情報が指定されていないためです。なお、西暦で表示したいときは、単に「,cInfo」を省略するだけでなく、形式も「yyyy」とする必要があります。

Point

特殊な用途も工夫次第

どうしても和暦を扱わなければならないときは、このレッスンの方法を活用しましょう。UiPath Studioでは、このようにアクティビティとして提供されていない機能も、VB.NETの機能を活用することで対応できるようになっています。VB.NETに関する情報はインターネットなどから入手できるので、特殊な用途に対応しなければならないときなどに参考にしてみるといいでしょう。

レッスン 36 ファイルが更新・追加されたことを検知するには

イベントを監視

UiPath Studioでは、ログなど、特定のファイルの更新や追加を検知して、それをきっかけにワークフローを実行できます。その方法を見てみましょう。

［イベントを監視］と［ファイル変更トリガー］

［イベントを監視］を利用すると、PCやネットワーク上で発生した特定のイベントをきっかけにワークフローを実行できます。ログなど、ファイルの更新や追加などをきっかけにしたいときは、［ファイル変更トリガー］と組み合わせて処理を記述しましょう。

●［イベントを監視］

［トリガー］に指定されたアクティビティを監視し、指定した条件を満たしたことを検知すると、［イベントハンドラー］に指定された処理を実行します。

◆［イベントを監視］
ファイル更新など、指定したイベントの発生を検知したときに、特定の処理を実行する

検知したいイベントを登録する

イベント発生時の処理を追加する

●［ファイル変更トリガー］

作成、削除、変更、名前の変更などファイルの状態を検知できます。

◆［ファイル変更トリガー］
ファイルの更新や追加などのイベントを検知する

作成や削除、変更など、検知するイベントを指定する

検知するファイルを指定する

> **HINT!** 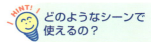 どのようなシーンで使えるの？
>
> このレッスンで紹介した方法を活用すると、例えば、アプリからCSVファイルとしてエクスポートされたデータを自動的に処理したり、ログファイルに特定の情報が記録されたことを検知して処理を実行したりできます。ファイルを介して、ワークフローを自動的に実行したいときに活用しましょう。

> **HINT!** 複数のトリガーを登録できる
>
> トリガーには複数のアクティビティを設定できます。例えば、［ファイル変更トリガー］を複数追加することで、「ファイルA」または「ファイルB」が更新されたことを検知できます。複数のトリガーを指定したときは、いずれかを満たしたときにイベントハンドラーが実行されます。

第5章 より高度なテクニックを使おう

ファイルの更新を検知する

1 [イベントを監視] を追加する

1 [イベントを監視]を追加

2 [ファイル変更トリガー] を追加する

1 [ファイル変更トリガー]を [イベントハンドラー]の上に追加

3 通知フィルターを指定する

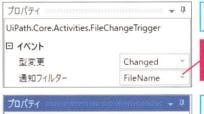

[ファイル変更トリガー]の[プロパティ]パネルを表示しておく

1 [通知フィルター]の[FileName]をクリック

[通知フィルター]の一覧が表示された

2 [FileName]をクリックしてチェックマークを外す

3 [LastWrite]をクリックしてチェックマークを付ける

 どんな状態を監視できるの？

[ファイル変更トリガー]では、[Created（作成）][Deleted（削除）][Changed（変更）][Renamed（名前変更）][All（すべて）]の状態を監視できます。複数選択した場合は、いずれかの条件が満たされたときにイベントハンドラーが実行されます。

 通知フィルターで条件を絞り込める

手順3の操作1で指定している[通知フィルター]は、ファイルのどの状態を監視するかという設定です。次の設定ができます。

- FileName
  ファイル名の状態
- DirectoryName
  フォルダー名の状態
- Attributes
  読み取り専用や隠しファイルなどのファイルの属性の状態
- Size
  ファイルサイズの状態
- LastWrite
  更新日時の状態
- LastAccess
  アクセス日時の状態
- CreationTime
  作成日時の状態
- Security
  アクセス権の状態（ファイルのプロパティの[セキュリティ]タブの設定）

[通知フィルター]をクリックすると、一覧が表示される

次のページに続く

④ 監視対象のパスとファイル名を指定する

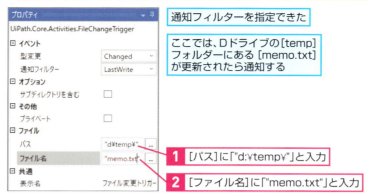

通知フィルターを指定できた

ここでは、Dドライブの[temp]フォルダーにある[memo.txt]が更新されたら通知する

1 [パス]に「"d:¥temp¥"」と入力
2 [ファイル名]に「"memo.txt"」と入力

検知されないときは

思い通りに、イベントが検知されないときは、トリガーに指定したアクティビティのプロパティで、[型変更]や[通知フィルター]の指定を変えてみましょう。例えば、ここではファイルの更新を[LastWrite]で検知していますが、[Size]でも検知できる可能性があります。いずれか、もしくは両方を選んでテストしてみましょう。

⑤ イベントハンドラーを設定する

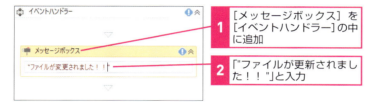

1 [メッセージボックス]を[イベントハンドラー]の中に追加
2 「"ファイルが更新されました！！"」と入力

いろいろなトリガーがある

ここではトリガーに[ファイル変更トリガー]を使いましたが、これ以外にも次のトリガーを検知できます。

・システムトリガー
　キー入力やマウス操作を検知
・ホットキートリガー
　指定したキー入力を検知
・マウストリガー
　指定したキーとマウス操作の組み合わせを検知
・画像クリックトリガー
　指定した画像がクリックされたことを検知
・キー操作トリガー
　指定したUI要素上で特定のキー操作があったことを検知
・クリックトリガー
　指定したUI要素上で特定のマウス操作があったことを検知

⑥ ワークフローを実行する

1 画面左上の[実行]をクリック

UiPath Studioが最小化して監視が開始される

監視対象のファイル（ここではmemo.txt）の内容を変更して上書き保存する

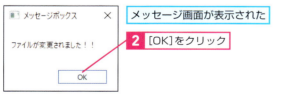

メッセージ画面が表示された
2 [OK]をクリック

⑦ イベントの監視を停止する

UiPath Studioの操作画面を表示しておく
1 [停止]をクリック

イベントの監視が終了した

続けて、次ページの手順を行う

ファイルの追加を検知する

[ファイル変更トリガー]では、ファイルの更新だけでなく、追加も検知できます。指定したフォルダーに任意のファイルが追加されたことを検知してみましょう。

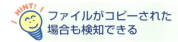

ファイルがコピーされた場合も検知できる

[Created]は、フォルダーでファイルを作成する操作だけを検知するわけではありません。ほかの場所から、指定したフォルダーにファイルがコピーされた場合も[Created]で検知できます。

❶ [ファイル変更トリガー]の設定を変更する

作成したワークフローの[ファイル変更トリガー]の[プロパティ]パネルを表示しておく

1 [型変更]の[Changed]をクリック

❷ [型変更]を指定する

[型変更]の一覧が表示された

1 [Changed]をクリックしてチェックマークを外す

2 [Created]をクリックしてチェックマークを付ける

ファイルを作成すると検知されるようになる

❸ [通知フィルター]を指定する

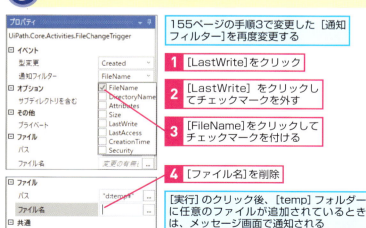

155ページの手順3で変更した[通知フィルター]を再度変更する

1 [LastWrite]をクリック

2 [LastWrite]をクリックしてチェックマークを外す

3 [FileName]をクリックしてチェックマークを付ける

4 [ファイル名]を削除

[実行]のクリック後、[temp]フォルダーに任意のファイルが追加されているときは、メッセージ画面で通知される

前ページの手順7を参考に、イベントの監視を停止しておく

Point

さまざまなイベントをワークフローに取り込める

[イベントを監視]を利用すると、ファイルやキーボード、マウスなど、いろいろなイベントをワークフローの処理に取り込むことができます。ここでは、トリガーを起点に処理を実行しましたが、ユーザーの操作を検知してメッセージを表示することなどもできます。アイデア次第で、いろいろな使い方ができるので、試してみましょう。

レッスン 37

ファイルを確実にダウンロードするには

ダウンロード処理の使い分け

Webページからのファイルのダウンロードは、簡単なようで注意が必要な処理です。ダウンロード先に応じて2つの方法を使い分けるといいでしょう。

「固定」と「動的」2つのダウンロード方法

ファイルのダウンロード方法は大きく2つのパターンがあります。ダウンロード先のURLが固定されている場合は［HTTPリクエスト］を使うのが簡単です。一方、ダウンロード先のURLが処理のたびに変わる場合は画面上のリンクを右クリックしてファイルを保存するといいでしょう。

●固定URLの場合は［HTTPリクエストウィザード］を使う

［HTTPリクエスト］は、HTTP接続を発行できるアクティビティです。HTTP通信で使用される［GET］などのメソッドや各種パラメーターを指定して、HTTPでファイルをダウンロードします。

◆[HTTPリクエストウィザード]
HTTPの接続要求を直接発行できる

URLを指定してファイルをダウンロードする

●動的なURLの場合は右クリック操作を使う

ファイル名やURLなどが固定されていない場合は、UiPath Studioの各種アクティビティを使って画面上のリンクを操作します。右クリックで［対象をファイルに保存］を選択しましょう。

◆[クリック]
[プロパティ]パネルで設定すると、右クリックの操作を実行できる

右クリックしてファイルの保存を設定すれば、URLやファイル名に左右されずにファイルをダウンロードできる

HINT! パッケージのインストールが必要

［HTTPリクエスト］を利用するには、［UiPath.Web.Activities］パッケージをインストールする必要があります。［パッケージを管理］を起動後、［すべてのパッケージ］を選択した状態で、「uipath.web.activities」で検索し、パッケージをインストールしておきましょう。

1 ［パッケージを管理］をクリック

[パッケージを管理]が起動した

2 ［すべてのパッケージ］をクリック

3 「Uipath.Web.Activities」と入力

4 ［インストール］をクリック

[保存]をクリックして[パッケージを管理]を閉じておく

ダウンロード先のURLが固定の場合

URLが固定されている場合の例として、日本郵便のWebページから郵便番号一覧をダウンロードしてみましょう。ダウンロードしたいファイルのURLが決まっているので［HTTPリクエスト］でダウンロードできます。

1 ダウンロードファイルのURLを取得する

ここでは、日本郵便のWebページから北海道の郵便番号一覧をダウンロードする

▼郵便番号データダウンロード
https://www.post.japanpost.jp/zipcode/dl/kogaki-zip.html

1 右記のWebページにアクセス

2 画面を下へスクロール
3 ダウンロード先のリンク（ここでは「北海道」）を右クリック

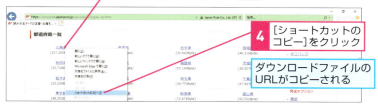

4 ［ショートカットのコピー］をクリック

ダウンロードファイルのURLがコピーされる

2 ［HTTPリクエスト］を追加する

1 「http」と入力
2 ［HTTPリクエスト］をドラッグ

3 ［エンドポイント］にダウンロードファイルのURLを指定する

［HTTPリクエストウィザード］が起動した

1 ［エンドポイント］にダウンロードファイルのURLをペースト

2 画面左上の［応答］タブをクリック

URLを確認しておこう

［HTTPリクエスト］でファイルをダウンロードする場合は、ダウンロードしたいファイルのURLが必要です。手順1のように、ダウンロード用のリンクを指定してURLをコピーしておきましょう。Webページによっては、ボタンを押した後にダウンロード先にリダイレクトされる場合もあるため、必ずファイルのURLを取得することが重要です。

事前にテストしておこう

手順4の設定後、［リクエストビルダー］タブに戻り、画面下の［プレビュー］をクリックすると、指定したHTTPリクエストを実行することができます。［応答］タブの［応答情報］タブをクリックして、発行したリクエストに対する応答を確認しておきましょう。

1 ［リクエストビルダー］にある［プレビュー］をクリック

［応答情報］タブをクリックすると、応答ステータスを確認できる

次のページに続く

④ ダウンロード先を指定する

1 [リソースをダウンロード]をクリックしてチェックマークを付ける
2 ダウンロード先のパスとファイル名(ここでは「d:¥temp¥01hokkai.zip」)を入力
3 [OK]をクリック

[実行]をクリックすると、指定したフォルダーにファイルがダウンロードされる

 認証が必要な場合は

Webページへのアクセスやファイルのダウンロードに、ユーザーIDとパスワードによる認証が必要な場合は、手順3の画面で[認証]の項目を設定しましょう。[簡易HTTP]でユーザー名とパスワードを入力する方法に加えて、[OAuth1]や[OAuth2]でトークンやシークレットを指定する方法も選択できます。また、[パラメーター]で詳細なパラメーターを追加することもできます。

テクニック　クリック操作でファイルを保存するには

ファイルのURLが右クリックできない場合などは、通常のクリック操作でファイルをダウンロードすることになります。この際、問題になるのが、Internet Explorerの画面下に表示される通知バーの操作です。通知バーは、[クリック]アクティビティで安定して操作できないことがあります。次のようにホットキーを使って操作するといいでしょう。最初に[Alt]+[N]キーを押す操作をすることで、通知バーにフォーカスを移動した状態で、[Alt]+[S]キーを押す操作を設定するのがポイントです。また、ダウンロード用URLをクリックする[クリック]の[プロパティ]パネルで、[実行後の待機時間]に「500」ミリ秒程度の待ち時間を設定して、通知バーを操作できるようになるまでの時間を設定しても操作できる場合があります。

次ページの手順1～2を参考に、通知バーが表示されるまでのワークフローを作成しておく

1 [ホットキーを押下]を追加
[画面上で指定]をクリックして、通知バーを指定する

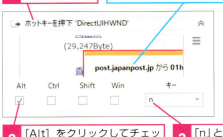

2 [Alt]をクリックしてチェックマークを付ける
3 「n」と入力

もう1つ[ホットキーを押下]を追加して、通知バーを指定しておく

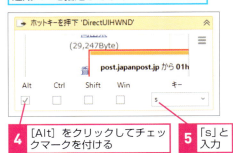

4 [Alt]をクリックしてチェックマークを付ける
5 「s」と入力

[実行]をクリックすると、ファイルがダウンロードされる

通知バーは[クリック]アクティビティだと操作できないことがある

ダウンロード先URLが動的に変わる場合

ダウンロードするたびにファイル名が変更になるような場合は、右クリックから［対象をファイルに保存］を操作してダウンロードするのが簡単です。

1 ［ブラウザーを開く］を追加する

URLは固定されているが、例として159ページと同じファイルをダウンロードする

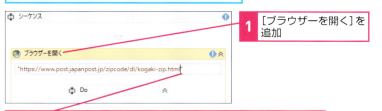

1 ［ブラウザーを開く］を追加

2 URL（ここでは「"https://www.post.japanpost.jp/zipcode/dl/kogaki-zip.html"」）を入力

2 ［クリック］を追加する

［クリック］を［Do］の中に追加し、Webページ上のクリック位置（ここでは「北海道」）を指定しておく

3 右クリックに変更する

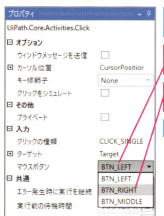

［クリック］の［プロパティ］パネルを表示する

1 ［マウスボタン］の［BTN_LEFT］をクリック

2 ［BTN_RIGHT］をクリック

右クリックに変更される

HINT! サイトによってはダウンロードできないこともある

ダウンロード用のURLにアクセスするために、セッション情報やCookieの利用が必要な場合など、対象となるWebページの構造によっては、［HTTPリクエスト］でダウンロードできないことがあります。このような場合は、右クリックを使ったダウンロードの操作を試してみましょう。

HINT! 別のダウンロード先でも試してみよう

ここでは、例として日本郵便のWebページから郵便番号一覧をダウンロードしています。このファイルは、URLが固定されているため、［HTTPリクエスト］を使ってダウンロードすることもできますが、ここでは例として同じファイルを右クリックでダウンロードします。実際に動的なURLのサイトで試したいときは、別のWebページで試してみましょう。

次のページに続く

④ [クリック]を追加する

1 [クリック]を追加
2 [ブラウザー内に要素を指定]をクリック

別のブラウザーを使うには

Internet Explorerの通知メッセージの処理が面倒な場合は、別のブラウザーを使ってファイルをダウンロードすることもできます。ただし、FirefoxやChromeを使う場合は、UiPath Studioの[スタート]メニューから[ツール]を選択し、該当する拡張機能をインストールしておく必要があります。

1 [スタート]タブをクリック

2 [ツール]をクリック

各ブラウザーの拡張機能をインストールできる

⑤ [F2]キーを押して操作を一時停止する

画面上を指定できる状態になった
1 [F2]キーを押す

デスクトップ画面の右下に3秒間のカウントダウンタイマーが表示される

2 ダウンロード先のリンクを右クリック
メニューが表示されたら、カウントダウンが終わるまで、そのまま待機する

右クリックメニューを指定するときは[F2]キーを使う

手順4で、[ブラウザー内に要素を指定]を実行しても、そのままでは右クリックで表示されるメニューは指定できません。実際にリンクを右クリックした状態で選択する必要があるため、[F2]キーを押して、一時停止した状態で、右クリックしてメニューを表示します。このように、一時的にしか表示されない画面上の要素を指定するときは、[F2]キーを使うのがポイントです。

⑥ クリック先を指定する

カウントダウンが終わると、クリック先を指定できるようになる
1 [対象をファイルに保存]をクリック

7 メニューを操作する処理が追加された

[対象をファイルに保存]をクリックする操作が追加された

8 [名前を付けて保存]ダイアログボックスを表示する

Internet Explorer上で、[対象をファイルに保存]をクリックする

[名前を付けて保存]ダイアログボックスが表示された

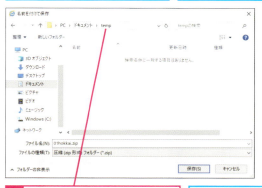

1 保存場所（ここではDドライブの[temp]フォルダー）を指定

ダイアログボックスを表示したまま、次の手順に進む

9 [文字を入力]を追加する

1 [文字を入力]を[クリック]の下に追加

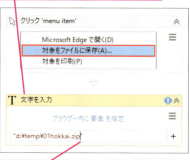

2 ダウンロード先のパスとファイル名（ここでは["d:¥temp¥01hokkai.zip"]）を入力

3 [ブラウザー内に要素を指定]をクリック

HINT! フォルダーやファイル名を変更しない場合は

ここでは、保存先のフォルダーとファイル名を指定してファイルを保存します。そのままのファイル名で、かつ標準のダウンロード先に保存する場合は、手順8～9の操作は必要ありません。手順10から操作を続けましょう。

HINT! ファイル名を変更したいときは

ここでは、手順9でパスのみを指定しましたが、同様にファイル名も変更できます。ただし、ファイルの形式が分かりにくくなったり、起動するアプリが変わってしまうことがあるため、「.zip」などの拡張子は変更せずにそのまま指定しましょう。もちろん、パスとファイル名に変数を使うこともできます。変数を指定する場合は、「" "」で囲む必要はありません。

次のページに続く

ファイル名を指定する

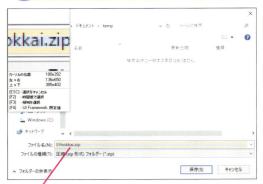

[名前を付けて保存]ダイアログボックスが表示される

1 ファイル名（ここでは「01hokkai.zip」）の入力欄をクリック

[クリック]を追加する

1 [クリック]を[文字を入力]の下に追加

2 [ブラウザー内に要素を指定]をクリック

[保存]ボタンを指定する

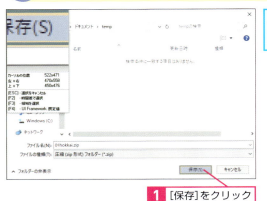

[名前を付けて保存]ダイアログボックスが表示される

1 [保存]をクリック

[キャンセル]をクリックして、[名前を付けて保存]ダイアログボックスを閉じておく

HINT! [保存]ボタンの代わりにEnterキーを使うこともできる

ここでは、手順12で[保存]ボタンをクリックしてますが、この操作の代わりに、手順9でEnterキーの入力を指定することもできます。以下のように、手順9の[文字を入力]の右下にある[+]をクリックして、[Special Keys]の[enter]を選択しましょう。これで、ファイル名の入力と同時にEnterキーが押され、そのままファイルが保存されます。

前ページの手順9を参考に[文字を入力]を追加し、ダウンロード先のパスとファイル名を指定しておく

1 [文字を入力]の右下にある[+]をクリック

2 [Special Keys]の[enter]をクリック

第5章 より高度なテクニックを使おう

テクニック　ダウンロード完了の通知を非表示にするには

Internet Explorerでは、ダウンロードが完了したときに、通知バーにメッセージが表示されます。通知バーが表示されたままだと、ほかの操作に支障が出てしまう場合は、[ツール]の[ダウンロードの表示]から[オプション]をクリックし、[ダウンロードが完了したら知らせる]のチェックマークを外しておきましょう。

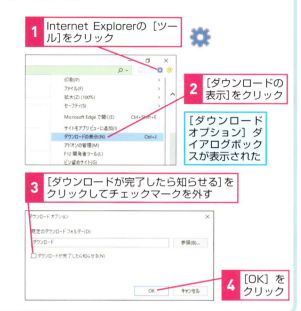

1 Internet Explorerの[ツール]をクリック

2 [ダウンロードの表示]をクリック

[ダウンロードオプション]ダイアログボックスが表示された

3 [ダウンロードが完了したら知らせる]をクリックしてチェックマークを外す

4 [OK]をクリック

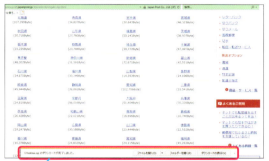

ワークフローを実行すると、通知バーが表示されたままになる

37　ダウンロード処理の使い分け

13 保存する処理を指定できた

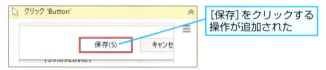

[保存]をクリックする操作が追加された

14 ワークフローを実行する

1 [実行]をクリック

Internet Explorerで「郵便番号ダウンロードページ」が開き、Dドライブの[temp]フォルダーに[01hokkai.zip]がダウンロードされる

HINT! 実行環境を考慮しよう

互換性表示設定やダウンロードの完了通知など、Internet Explorerのオプションを変更する場合は、これらの設定をロボットの実行環境でもきちんと再現することが大切です。場合によっては、これらの設定を自動的に実行するワークフローを作成することも検討しましょう。

Point
URLが「固定」か「動的」かで処理を使い分けよう

Webページからファイルをダウンロードする場合は、通常のクリックでのダウンロードでは、通知バーの処理などが必要になり、かえって処理が複雑になることがあります。このレッスンで紹介したように、[HTTPリクエスト]を追加するか、右クリックの操作か、いずれかを利用するのがおすすめなので、ダウンロードしたいファイルに合わせて2つの方法を使い分けましょう。

レッスン 38

外部のWebサービスと連携させるには

REST APIとJSONの活用

ワークフローから、外部のWebサービスを利用してみましょう。外部サービスからデータを取得したり、AIなどのクラウドサービスを活用できます。

■ リクエストの応答をJSONで取得して利用する

インターネット上のWebサービスの中には、外部から一部のサービスを利用するためのインターフェース（API）を提供しているものがあります。中でも、URLを使って外部サービスと連携させるタイプのAPI（REST API）は、［HTTPリクエスト］を使ってワークフローを連携させることが可能です。リクエストの結果はJSONと呼ばれる構造（171ページのテクニック参照）のデータで受け取るのが一般的ですが、ワークフローで利用するには、JSON形式に従った構造に復元する「デシリアライズ」という操作が必要です。

● ［HTTPリクエスト］

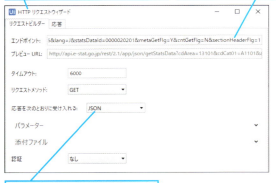

◆［HTTPリクエストウィザード］
各種パラメーターを指定してHTTPで通信する

Webサービスのapi連携機能を呼び出す

取得した値をJSON型式で扱う

● ［JSONをデシリアライズ］

◆［JSONをデシリアライズ］
取得したデータを元の構造化データとして復元する

変数に格納してJSONから値を取り出す

どんな用途に使えるの？

ここでは、政府の統計情報サイトから人口などのデータを取得する例を紹介しますが、GoogleやTwitterなどの各種サービスを利用したり、クラウドサービスとして提供されているAIを使ってUiPathからデータ分析をすることなどもできます。

［UiPath.Web.Activities］が必要

このレッスンで紹介する手順を実行するには、UiPath Studioに［UiPath.Web.Activities］をインストールする必要があります。レッスン㊲を参考に、［パッケージを管理］から［UiPath.Web.Activities］を検索してインストールしましょう。

このレッスンで使う変数

このレッスンでは、次の変数を使います。ワークフロー内で登場する変数の用途を確認しておきましょう。

●resJson
型：String
用途：Webサービスから戻ってきたデータをJSON形式のデータを格納する

●datJson
型：JObject
用途：取得したJSON形式のデータをデシリアライズ後に格納する

●getDat
型：Object
用途：JSON形式のデータから取り出した必要なデータを格納する

事前の準備

ここでは例として、日本の政府統計関係情報が掲載された「e-Stat（https://www.e-stat.go.jp/）」からデータを取得します。e-StatのAPI連携機能を利用するには、事前の登録が必要です。

1 Webページにアクセスして登録する

ここでは、政府統計の総合窓口で入手した統計データを利用する

1 右記のWebページにアクセス

▼e-Stat政府統計の総合窓口
https://www.e-stat.go.jp

2 ［新規登録］をクリック

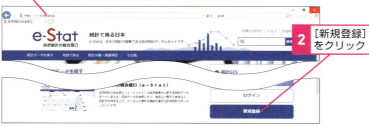

画面の指示に従って、メールアドレスなどを登録する

パラメータを指定したURLにリクエストすると、人口などの統計データをJSON形式で取得できる

2 アプリケーションIDを取得する

API連携機能の利用に必要となるアプリケーションIDを取得する

e-Statにログインして画面右上の［マイページ］をクリックする

1 ［API機能（アプリケーションID発行）］をクリック

［アプリケーションIDの取得］の画面が表示された

2 名称やURL、概要を入力

3 ［発行］をクリック

アプリケーションIDが発行された

次ページの手順3で使用するため、メモ帳などにコピーしておく

HINT! e-Statって何？

e-Statは、2008年から本運用が開始された政府統計のポータルサイトです。政府や各省庁が実施している統計調査の各種情報がワンストップで提供されています。国土や気象、人口、農林水産、工業、土地など、さまざまな情報を無料で入手できます。

地域や分野、キーワードなどから必要な統計データを検索できる

HINT! API連携って何？

API連携は、e-Statで提供されているデータをほかのシステムから利用するための機能です。具体規定には、データを指定するためのパラメーターをURLに含めて送信することで、該当するデータが送られてきます。e-Statは、Webページからデータを参照するだけであれば、登録なしで利用できますが、API連携を使うには登録が必要です。登録して、リクエストに含める必要がある「アプリケーションID」を取得しましょう。

HINT! APIリクエストURLって何？

APIリクエストURLは、欲しい情報を指定するためのパラメーターを含んだURLのことです。APIリクエストURLは、パラメーターを自分で指定して生成することもできますが、かなり複雑になるため、手順3で紹介しているように、e-Statのページで取得したい情報を指定後、APIリクエストURLを自動生成した方が簡単です。

次のページに続く

APIリクエストURLを取得する

「社会・人口統計体系」から「東京都千代田区」の人口データを選択し、[統計表表示]の画面を表示しておく。年度を絞り込まずにすべて取得する

APIを利用してデータを取得するためのリクエストURLを取得する

1 [API]をクリック

[APIリクエストURL]の画面が表示された

2 URLをメモ帳などにコピー

3 [閉じる]をクリック   e-StatのWebページを閉じておく

[HTTPリクエスト]でAPIリクエストを送る

事前の準備が整ったら、UiPath Studioからe-Statに接続して、データを取得してみましょう。[HTTPリクエスト]で自動生成したAPIリクエストURLを指定します。

 リクエストに失敗したときは

e-Statのサイトでは、戻ってくるデータ形式の違いによって、指定するURLが異なります。[プレビュー]ボタンをクリックしても、思う通りの値が返ってこなかったときは、テクニックを参考に、JSON形式が指定されているか、自分のアプリケーションIDが指定されているかを確認しましょう。

 認証が必要なときは

Webサービスによっては、APIリクエストの際に、ユーザー名やパスワードを使った認証が必要になることがあります。認証が必要な場合は、[HTTPリクエスト]のプロパティで認証情報を登録しましょう。[OAuth1]や[OAuth2][簡易認証]を利用できます。

[HTTPリクエスト]の[OAuth1][OAuth2][簡易認証]で設定する

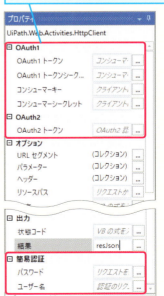

1 [HTTPリクエストウィザード]で設定する

レッスン㊲を参考に、[HTTPリクエスト]を追加し、[HTTPリクエストウィザード]を起動しておく

次ページのテクニックを参考にAPIリクエストURLを修正してコピーする

1 [エンドポイント]にAPIリクエストURLをペースト

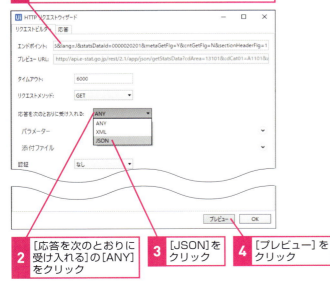

2 [応答を次のとおりに受け入れる]の[ANY]をクリック

3 [JSON]をクリック

4 [プレビュー]をクリック

テクニック　APIリクエストURLの加工が必要

前ページの手順3で表示されたAPIリクエストURLは、XML形式でデータを取得するためのURLになっています。JSON形式で取得する場合は、次のように「/json」を追加しましょう。また、標準では「&appId=」の部分が空になっています。そのままでは、APIを利用できないので、忘れずに自分のアプリケーションIDを追記しましょう。

●APIリクエストURLの修正

[JSON形式の記述がない]　　[「&appId=」に値がない]

```
http://api.e-stat.go.jp/rest/2.1/app/getStatsData?cdArea=13101&cdCat01=A1101&appId=&lang=J&statsDataId=0000020201&metaGetFlg=Y&cntGetFlg=N&sectionHeaderFlg=1
```

[「/json」を追加する]

```
http://api.e-stat.go.jp/rest/2.1/app/json/getStatsData?cdArea=13101&cdCat01=A1101&appId=6e2822be13c17b1bd98f23a8c4feba4399a657e6&lang=J&statsDataId=0000020201&metaGetFlg=Y&cntGetFlg=N&sectionHeaderFlg=1
```

[167ページの手順2で取得したアプリケーションIDを追加する]

❷ リクエストの結果を確認する

- [応答]タブが表示された
- [リクエスト情報]にURLやステータスなどが表示される
- [プレビュー応答]にリクエストによって取得されたデータが表示される
- **1** [OK]をクリック

HINT! いったん、文字列として保管する

Webサービスから戻ってきたJSON形式のデータは、いったん、文字列として変数に保管します。手順3で変数に格納する際は、特にJSONであることを意識する必要はありません。なお、そのままでは、データの構造が認識されないため、必ずデシリアライズで構造を復元してから利用します。

❸ データを変数に格納する

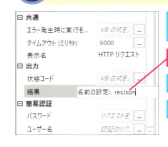

- [HTTPリクエスト]の[プロパティ]パネルを表示する
- **1** [結果]のテキストボックスをクリック
- 「resJson」変数を設定する
- データを取得した後、変数に格納される

次のページに続く

JSONをデシリアライズする

1 [JSONをデシリアライズ] を追加する

1. [JSONをデシリアライズ] を [HTTPリクエスト] の下に追加
2. 「resJson」と入力

「datJson」変数を設定する

2 ファイルに出力する

結果をテキストファイルに出力して内容を確認する

1. [テキストファイルを書き込む] を [JSONをデシリアライズ] の下に追加

2. 出力ファイル名と保存先（ここでは「"d:¥temp¥出力.txt"」）を入力
3. 「datJson.ToString」と入力

3 構造化されたJSONデータを確認できた

出力されたテキストファイル（ここでは「出力.txt」）をメモ帳で開く

1. JSON形式で構造化されたデータを確認

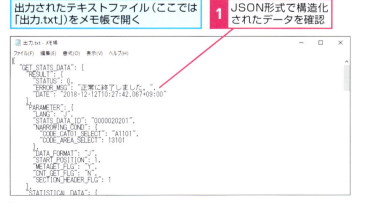

HINT! [1行を書き込み] で確認してもいい

ここでは、取得したJSON形式のデータの行数が多いため、テキストファイルに書き出して、その中身を確認しています。そもそも確認が不要な場合は、テキストファイルへの書き込みは不要ですが、簡単に確認したいのであれば [1行を書き込み] で確認しても構いません。

HINT! デシリアライズする前と比べてみよう

処理の内容をもっと詳細に確認したいときは、手順2で、[テキストファイルを書き込む] をもう1つ追加して、「resJson」変数の内容も出力してみましょう（下の画面）。両方を比べると、デシリアライズ前の「resJson」は文字の羅列で意味を把握するのが困難ですが、デシリアライズ後の「datJson」はJSON構造が分かりやすくなっていることが理解できるでしょう。

「resJson」のデータは、文字の羅列で意味を読みとりづらい

テクニック JSONの構造を理解しよう

JSONでは、「{}」や「:」「,」といった記号を使ってデータを構造化します。例えば、「{"人口":"4000"}」は人口が4000であることを示しています。また、「{}」を重ねることで階層化したり、「,」で区切ることで配列としてデータ

を扱えます。基本的な構造を確認しておきましょう。なお、UiPath StudioでJSONのデータを指定するときは、下の例のように最上位の階層から順番に指定し、配列の場合は「(0)」のように番号でデータの順番を指定します。

データを記述できる

```
{ " 人口 " : " 4000"}
```

複数の値を扱うことができる

```
{
   " 年度 " : "1985",
   " 人口 " : "4000"
}
```

階層構造で記述する

```
{
   " 世田谷区 " : {
      " 年度 " : "1985",
      " 人口 " : "4000"
   }
   " 港区 "; {
      " 年度 " : "1985",
      " 人口 " : "5000"
   }
}
```

配列も使用できる

```
{
   " 世田谷区 " : [
      {
      " 年度 " : "1985",
      " 人口 " : "4000"
      },
      {
      " 年度 " : "2000",
      " 人口 " : "9000"
      }
   ]
}
```

●取得したdatJsonの構造（途中省略）

```
{
   "GET_STATS_DATA": {          ◆GET_STATS_DATA
      "PARAMETER": {
      },
      "STATISTICAL_DATA": {      ◆ STATISTICAL_DATA
         "CLASS_INF": {
            "CLASS_OBJ": [
                  }
               ]
            }
         ]
      },
      "DATA_INF": {              ◆ DATA_INF
         "NOTE": [
         ],
         "VALUE": [              ◆ VALUE
            {                    ◆配列(0)
               "@tab": "00001",
               "@cat01": "A1101",
               "@area": "13112",
               "@time": "1980100000",
               "@unit": " 人 ",
               "$": "797292"        人口
            },
            {
               "@tab": "00001",
               "@cat01": "A1101",
               "@area": "13112",
               "@time": "1985100000",
               "@unit": " 人 ",
               "$": "811304"         人口
            },                   ◆配列(1)
         ]
      }
   }
}
```

1980年の人口データを取得する場合は以下のように記述する

```
datJson("GET_STATS_DATA")("STATISTICAL_DATA")("DATA_INF")("VALUE")(0)("$")
```

次のページに続く

できる | 171

JSONから必要な値を取り出す

デシリアライズしたJSON形式のデータから、欲しいデータを指定して取得してみましょう。ここでは、1980年の人口を指定して取得します。

1 [代入]を追加する

1980年の人口データを取取する

1 [代入]を[テキストファイルを書き込む]の下に追加

「getDat」変数を設定する

2 式エディターを起動する

記述する式が長いので、式エディターを利用する

1 [右辺値]の[…]をクリック

3 式を入力する

[式エディター]が起動した

1 「datJson("GET_STATS_DATA")("STATISTICAL_DATA")("DATA_INF")("VALUE")(0)("$")」と入力

2 [OK]をクリック

HINT! 別の年の人口を取得したいときは

前ページのJSONの構造を確認すると分かるように、人口のデータは「VALUE:」配下の配列として格納されています。0番目が1980年（@timeの値）なので、例えば、1985年を指定したいときは、この数字を変えて「(1)」と指定します。

HINT! レコード件数も確認できる

戻ってきたJSON形式のデータには、人口などの具体的なデータだけでなく、取得したデータの件数などの管理用の情報も含まれています。具体的には、次のように、「RESULT_INF」の「TOTAL_NUMBER」にある「8」が取得したデータの件数を示します。この値を元に、「繰り返し（コレクションの各要素）」で処理を繰り返せば、大量のデータを順番に処理することもできます。

170ページの手順3で書き出した「出力.txt」でも確認できる

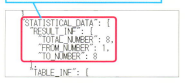

④ 変数の型を変更する

「getDat」変数の型を変更する　**1** 画面下にある[変数]をクリック

[変数]パネルが表示された　**2** [GenericValue]をクリック　**3** [Object]をクリック

[変数]をクリックして[変数]パネルを閉じておく

⑤ 結果を出力する

1 [1行を書き込み]を[代入]の下に追加

2 「getDat.ToString」と入力

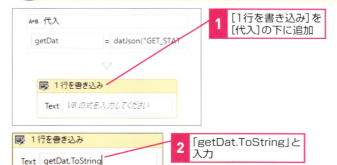

⑥ 構造化されたJSONデータを確認する

1 [実行]をクリック　　指定したデータが出力される

2 操作画面左下にある[出力]をクリック　　[出力]パネルが表示された

3 指定したデータを確認

HINT! 変数の型を[Object]に変更する

手順1で作成した「getDat」変数は、型が[GenericValue]に設定されています。そのままでは、指定したJSONのデータを格納できないので、忘れずに[Object]に変更しておきましょう。

HINT! 繰り返し処理もできる

ここでは、JSONの値を「(0)」のように配列の番号で指定して、個別に取り出しています。JSONから複数の値を取り出して順番に処理したいときは、[繰り返し（コレクションの各要素）]を利用して、配列のデータを順番に処理します。

Point

JSON活用の流れと基本を押さえておこう

UiPath Studioから外部のWebサービスを利用すること自体はさほど難しくありません。[HTTPリクエスト]を利用し、公開されているAPIの仕様に従ってリクエストを送ればいいだけです。ただし、戻ってきたデータを活用するには、JSON形式のデータを扱うための流れやデータ構造の基本を押さえておく必要があります。ここではe-Statを例に操作を解説しましたが、AIを使った分析などでも、おおまかな流れは同じです。ここで紹介したアクティビティを活用して、いろいろなWebサービスと連携させてみましょう。

レッスン 39

UiPathをより詳しく学ぶには
UiPathアカデミー

UiPathについて、さらに理解を深めたいときは、動画で使い方を学習できる「UiPathアカデミー」がおすすめです。基本から応用まで幅広く学べます。

■ UiPathアカデミーの登録とコースの受講

UiPathアカデミーは、無料かつ、E-mailアドレスさえあればUiPathを導入する際に必要な知識を学習することができ、日本語化も順次行われています。動画だけではなくテストで理解度を確認したり、また演習で実際に操作を体験したりしながら学習を進めることができます。

1 UiPathアカデミーのWebページを表示する

1 右記のURLにアクセス　▼UiPathアカデミー　https://academy.uipath.com/learn
2 ここをクリックして[JAPANESE]を選択
3 [登録する]をクリック

2 ユーザー情報を入力する

1 ユーザ名とメールアドレス、氏名、パスワードを入力
2 ここをクリックして[japanese]を選択
3 ここをクリックしてチェックマークを付ける
4 [次へ]をクリック

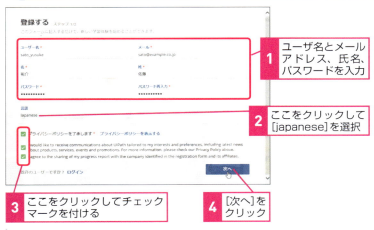

HINT! 次回からはログインですぐに受講できる

UiPathアカデミーの登録は最初の1回のみです。次回からは、手順1の画面中央からログインすることで、すぐに学習をスタートできます。

HINT! コースを修了すると認定証が発行される

UiPathアカデミーの講座はコースごとに分かれており、各コースを修了すると、修了証が発行されます。UiPathのスキルを第三者に示す修了証となりますので、自分のスキルアップなどに役立てましょう。

HINT! 日本語で学習できる

UiPathアカデミーには、日本語のコースも用意されています。特に、Foundation（基礎）トレーニングは分かりやすい日本語ナレーション・字幕付きで進行しますので、安心して受講できます。

HINT! 日本語フォーラムも活用しよう

UiPath Studioには、ユーザー同士のコミュニケーションができるフォーラムが用意されています。日本語のフォーラムなら、日本語で質問することもできるので、ぜひ活用しましょう。

▼日本語フォーラム
https://forum.uipath.com/c/japan

③ ユーザ登録を確認する

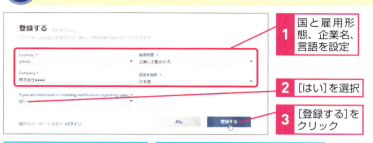

- 1 国と雇用形態、企業名、言語を設定
- 2 [はい]を選択
- 3 [登録する]をクリック

[ありがとうございました]の画面が表示される

メールが送られてくるので内容を確認し、本登録しておく

④ 受講したいコースを選択する

手順1を参考にUiPathアカデミーのWebページを表示して、サインインしておく

- 1 受講したいプログラム(ここでは[RPAディベロッパー向け - 学習プログラム])をクリック

⑤ 学習プログラムを登録する

コースの詳細が表示された　　1 [登録]をクリック

⑥ 学習を開始する

- 1 [さあ、学習を始めましょう!]をクリック

学習を開始する

HINT! 「Level1 - Foundaiton(基礎)トレーニング」から始めよう

UiPathアカデミーには、解説するツールや難易度の違いによって、いくつかのコースが用意されています。基本から1つずつ積み上げていくことが大切なので、最初は「Level1 - Foundaiton(基礎)トレーニング」から始めましょう。

HINT! 充実した日本語のユーザーガイドもある

UiPathのサイトからは、各製品の日本語ガイドも参照できます。使い方に迷ったり、アクティビティの使い方を知りたいときに活用しましょう。

▼UiPath Studioガイド
https://studio.uipath.com/lang-ja

▼UiPath Orchestratorガイド
https://orchestrator.uipath.com/lang-ja

▼UiPath Robotガイド
https://robot.uipath.com/lang-ja

▼UiPath Activitiesガイド
https://activities.uipath.com/lang-ja

Point 体系的に学ぶとより理解が深まる

本書では、やりたいことから機能を紹介する逆引き形式で機能を紹介してきましたが、基本的な考え方やルールを体系的に学ぶことも大切です。Foundation(基礎)トレーニングの受講時間は50時間が目安ですが、内容をしっかり網羅することで、開発までのリードタイムも結果的に短くなります。UiPathアカデミーを活用して、さらなるステップアップを目指しましょう。

できる 175

この章のまとめ

工夫次第でいろいろな処理を自動化できる

UiPath Studioは、第1章で紹介したように、初心者でもすぐに扱える製品ですが、その一方で、その機能を深く知れば知るほど、普通ではあきらめてしまいそうな複雑な処理の自動化にも対応できる高い可能性を秘めています。この章で紹介したさまざまなテクニックは、まさにこうしたUiPath Studioの可能性を示すものです。きっと「こんなこともできるのか！」と驚いたはずです。単に高度なだけでなく、たまに表示されるポップアップや和暦、ダウンロードなど、日常業務でよく登場する処理に対処するための例を取り上げましたので、実践でぜひ使ってみてください。

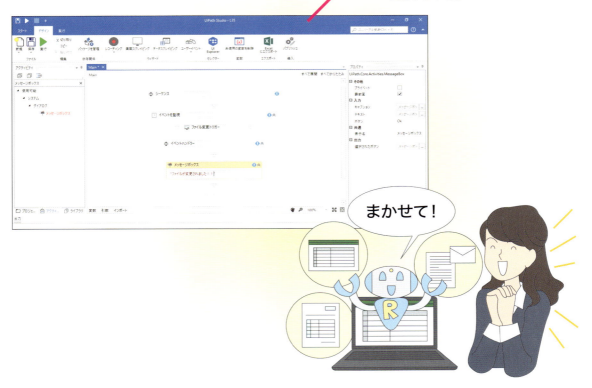

並列処理やリトライなどの処理で自動化をスムーズに

Excelから特定のデータを抽出できるほか、ファイル更新の監視やWebサービスとAPIの連携なども可能

付録1　主なアクティビティー覧

本書で登場したアクティビティと、それらに関連したアクティビティを簡単に解説します。なお、分類は、UiPath Studioの［アクティビティ］パネルの表示と対応しており、【　】は英語名です。

プログラミング

●デバッグ

1行を書き込み 【Write Line】	文字列または文字列変数の値を出力パネルに出力します
コメント 【Comment】	ワークフロー内にコメントを追加します

●データテーブル

データテーブルをフィルタリング 【Filter Data Table】	ウィザードで条件を指定してデータテーブルをフィルター処理し、必要なデータだけを取り出せます
繰り返し(各行) 【For Each Row】	データテーブルの各行に対して、それぞれ1回ずつ処理を実行します

●JSON

JSONをデシリアライズ 【Deserialize JSON】	JSON文字列をJObject型のデータに再構造化します

ワークフロー

●コントロール

シーケンス 【Sequence】	多数の子アクティビティで構成される直線的なプロセスを作成できます
スイッチ 【Switch】	あらかじめ設定した条件に基づいて、複数のオプションの中から1つの操作を実行できます
リトライスコープ 【Retry Scope】	一定の条件を満たさないか、例外が発生するまで処理を繰り返します
並列 【Parallel】	複数のアクティビティを非同期に並列実行します
代入 【Assign】	変数または引数に任意の値を割り当てます

次のページに続く

条件分岐 【If】	指定した条件が成り立つかどうかによって、2つの処理のいずれかを選択できます
繰り返し(コレクションの各要素)【For Each】	列挙される各要素に対して一連の処理を実行できます
繰り返し(前判定) 【While】	条件が満たされている間、特定の処理を繰り返します

● フローチャート

フロースイッチ 【Flow Switch】	条件を設定して、フロー処理を3つ以上の処理に分岐します
フローチャート 【Flowchart】	複数のアクティビティを複雑につなぎ合わせることができるフローチャート形式のプロジェクトを作成できます
フロー条件分岐 【Flow Decision】	指定した条件が成り立つかどうかに応じて2つの分岐のうち1つを実行します

● エラー処理

トライキャッチ 【Try Catch】	例外を検知し、エラー通知を表示するか、例外を無視して実行を続けます

● 呼び出し

ワークフローファイルを呼び出し 【Invoke Workflow File】	指定したワークフローファイルを同期的に呼び出します

UI自動化

● OCR

・画面スクレイピング

OCRでテキストを取得 【Get OCR Text】	OCR技術を使って、画面上の文字を読み取り、文字列変数に格納します

・検出

OCRでテキストの有無を確認 【OCR Text Exists】	OCR技術を使って、画面上に指定した文字列があるかどうかを判断します

● 要素

・マウス

クリック 【Click】	指定のUI要素をクリックします
ダブルクリック 【Double Click】	指定のUI要素をダブルクリックします

・属性

スクリーンショットを撮る 【Take Screenshot】	指定のUI要素のスクリーンショットを作成します

・コントロール

テキストを取得 【Get Text】	指定のUI要素からテキスト値を抽出します
項目を選択 【Select Item】	コンボボックスまたはリストボックスから項目を選択します

・キーボード

ホットキーを押下 【Send Hotkey】	UI要素にキーボードショートカットを送ります
文字を入力 【Type Into】	UI要素にキーストロークを送ります

・検出

アンカーベース 【Anchor Base】	ほかのUI要素を目印とすることで、UI要素を検索します
要素を探す 【Find Element】	指定のUI要素が画面上に表示されるまで待ち、そのUI要素をUiElement変数として返します

●画像

・マウス

画像をクリック 【Click Image】	UI要素内の画像を検索し、クリックします

・ファイル

画像を保存 【Save Image】	画像をファイルとして保存します

●ブラウザー

タブを閉じる 【Close Tab】	ブラウザーのタブを閉じます
ブラウザーを開く 【Open Browser】	指定のURLでブラウザーを開きます

次のページに続く

●ウィンドウ

ウィンドウにアタッチ 【Attach Window】	処理を実行する対象となるウィンドウを指定します
ウィンドウを閉じる 【Close Window】	対象となるウィンドウを閉じます

■ システム

●ダイアログ

メッセージボックス 【Message Box】	オプションボタンと指定したテキストを含むメッセージボックスを 表示します
入力ダイアログ 【Input Dialog】	メッセージと入力欄を表示し、ユーザーに操作を促す画面を表示し ます

●アプリケーション

アプリケーションを閉じる 【Close Applicatior】	指定したアプリケーションを閉じます
アプリケーションを開く 【Open Application】	指定したアプリケーションを起動します

●環境

特殊フォルダーのパスを取得 【Get Environment Folder】	「Documents」などの特殊なシステムフォルダーのパスを取得し ます
警告音 【Beep】	スピーカーからビープ音（警告音）を鳴らします

●ファイル

ディレクトリを作成 【Create Directory】	指定の場所にディレクトリを作成します
テキストファイルを書き込む 【Write Text File】	指定したテキストをファイルに書き込みます
テキストファイルを読み込む 【Read Text File】	指定のファイルからすべての文字を読み込みます
ファイルをコピー 【Copy File】	指定の場所から別の場所にファイルをコピーします
ファイルを作成 【Create File】	指定の場所にファイルを作成します
ファイルを移動 【Move File】	指定の場所から別の場所にファイルを移動します

ファイル変更トリガー 【File Change Trigger】	指定のファイルまたはフォルダー上の変更を監視します
削除 【Delete】	指定の場所のファイルまたはフォルダーを削除します

・ワークブック

セルに書き込む 【Write Cell】	スプレッドシートのセルに値を書き込みます
範囲に書き込む 【Write Range】	データテーブルのデータをスプレッドシート内の開始セルから書き込みます
範囲を読み込む 【Read Range】	スプレッドシートからExcel形式の範囲の値を読み込み、データテーブルに格納します

●ユーザーイベント

イベントを監視 【Monitor Events】	複数のアクティビティ（トリガー）を監視し、条件を満たすトリガーが発生したときに、指定の処理を実行します

アプリの統合

●CSV

CSVに書き込む 【Write CSV】	指定のデータテーブルをCSVファイルに上書きします
CSVを読み込む 【Read CSV】	指定のCSVファイルからすべての情報を読み込みます

●Excel

Excelアプリケーションスコープ 【Excel Application Scope】	一連の処理を実行する対象となるExcelファイルを開きます
シートをコピー 【Copy Sheet】	Excelファイル内でワークシートをコピーします
セルに書き込む 【Write Cell】	値や数式をExcelのワークシートのセルまたは範囲に書き込みます
セルを読み込む 【Read Cell】	Excelのワークシートのセルの値を文字列として読み込みます
範囲に書き込む 【Write Range】	データテーブルのデータをExcelのワークシート内の開始セルから書き込みます

付録

次のページに続く

範囲を読み込む 【Read Range】	Excelのワークシートから範囲の値を読み込み、データテーブルに格納します

・処理

VBAの呼び出し 【Invoke VBA】	VBAのコードをExcelに読み込んで実行します
マクロを実行 【Execute Macro】	Excelファイル内のマクロを実行します
範囲内で検索 【LookUp Range】	Excelのワークシートの指定の範囲内で値を検索します

●メール

添付ファイルを保存 【Save Attachments】	メールメッセージの添付ファイルを指定のフォルダーに保存します

・SMTP

SMTPメールメッセージを送信 【Send SMTP Mail Message】	SMTPプロトコルを使用して、メールメッセージを送信します

・POP3

POP3メールメッセージを取得 【Get POP3 Mail Messages】	指定のサーバーからPOP3メールメッセージを取得します

・Outlook

Outlookメールメッセージを取得 【Get Outlook Mail Messages】	Outlookからメールメッセージを取得します
Outlookメールメッセージを送信 【Send Outlook Mail Message】	Outlookからメールメッセージを送信します

・IMAP

IMAPメールメッセージを取得 【Get IMAP Mail Messages】	指定のサーバーからIMAPメールメッセージを取得します

・Exchange

Exchangeメールメッセージを取得 【Get Exchange Mail Messages】	Exchangeからメールメッセージを取得します

●ウェブ

HTTPリクエスト 【HTTP Request】	指定したURLへのリクエストを作成し、実行してから、応答を文字列形式で返します。また、指定した場合にはリソースを保存します

付録2　主な変数型一覧

本書で登場した変数、および一般的に使われる変数の型を簡単に解説します。［変数］パネルの［変数の型］で［型の参照］をクリックすると、さまざまな型を利用できます。

変数型名	説明
Array of [T]	複数の同一の型のデータが一列に並んだ状態の配列を格納します
Boolean	TrueまたはFalseを格納します
CultureInfo	表記体系、使用する暦、文字列の並べ替え順序、および日付と数値の書式などを格納します
DataTable	表形式のデータを格納します（異なる型が混在していても構いません）
DateTime	日付と時刻を格納します
GenericValue	任意の型のデータを格納できます
JapaneseCalendar	平成や昭和などの年代の名前（和暦）の情報を格納できます
JObject	JSON形式のデータを格納します
List<MailMessage>	メールメッセージを配列として格納します
Object	オブジェクト（文字列、配列など）を参照するアドレスを格納します
String	文字列（0～約20億個のUnicode文字）を格納します

付録

用語集

AI（エーアイ）
Artificial Intelligenceの略。「人工知能」と訳されるが、人間の知能を完全に計算機で置き換えるものではなく、大量のデータを用いた機械学習によって、言語の理解や視覚的な判断、複雑な問題の推論などを実現する技術。

Citrix（シトリックス）
米国に拠点を持つテクノロジー企業「Citrix Systems」の名称の一部だが、一般には同社が販売する仮想化製品「Citrix Xen」シリーズ、もしくは広くデスクトップ仮想化製品を指す俗称として使われることが多い。

Communityエディション（コミュニティエディション）
UiPath製品のライセンス形態の1つ。個人ユーザーや使用許諾契約で定められている一定規模以下の法人であれば、一定数のライセンスを無料で利用できる。
→UiPath

CSV（シーエスブイ）
Comma Separated Valuesの略で、「,（カンマ）」記号によって複数の値を区切って保管する形式のこと。

Enterprise Edition（エンタープライズエディション）
UiPath製品のライセンス形態の1つ。サポートを受けることなどができる一般企業向けの有償ライセンス。
→UiPath

Main（メイン）
UiPath Studioで作成したプロジェクトが標準で保存されるファイル（Main.xaml）のこと。
→UiPath Studio

Orchestrator CE（オーケストレーターシーイー）
Communityエディションでも利用可能な「UiPath Orchestrator」のクラウドサービス版の名称（CEはCommunity Editionの略）。
→Communityエディション、UiPath Orchestrator、UiPath Robot

RPA（アールピーエー）
Robotic Process Automationの略で、コンピューター上のさまざまな処理をロボットを使って自動化する技術やその概念を広く指す言葉。
→ロボット

UI Explorer（ユーアイエクスプローラー）
画面上のUI要素の解析や、UI要素を指定するセレクターの編集をするためのUiPath Studioのツール。
→UiPath Studio、セレクター

UiPath（ユーアイパス）
RPA製品を開発する米国のテクノロジー企業。世界中で多くの導入実績を誇るRPAのリーディングカンパニー。
→RPA

UiPath Orchestrator（ユーアイパスオーケストレーター）
UiPath Robotを統合的に管理できるWebアプリケーション。ロボットが参照するリソースを管理したり、動作状況を監視したり、ロボットを実行環境に展開したりできる。
→UiPath Robot、ロボット

UiPath Robot（ユーアイパスロボット）
UiPath Studioで作成したワークフローに従って、コンピューター上でプロセス（実際の自動化処理）を実行するソフトウェアのこと。環境に合わせて、人と協働で作業するAttended Robotとロボットだけで動作するUnattended Robotの2種類を使い分けることができる。
→UiPath Studio、ロボット、ワークフロー

UiPath Studio（ユーアイパススタジオ）
ロボットに実行させるための自動化処理（ワークフロー）を作成するための統合開発環境。
→ロボット、ワークフロー

UiPathアカデミー（ユーアイパスアカデミー）
RPAの概念やUiPath Studioを使った自動化、UiPath Orchestratorによる管理などを学ぶことができるオンラインイントレーニングサービス。
→RPA、UiPath Orchestrator、UiPath Studio

VB.NET（ブイビードットネット）
マイクロソフトが開発したプログラミング環境。UiPath Studioでは、VB.NETの処理系を使ってワークフローを作成することができる。
→UiPath Studio、ワークフロー

アクティビティ
アプリケーションの処理を自動化するためのUiPath Studioの部品のこと。［クリック］や［代入］などさまざまな処理が用意されている。
→UiPath Studio

アプリ
コンピューター上で特定の処理を実行するために作られたソフトウェアのこと。

型（データ型）
プログラミング環境で扱うデータを、その種類や特性などによって分類し、汎用的に扱えるようにするために、その表記方法や扱い方などを定めたもの。

関数
別のプログラムから与えられた値（引数）をもとに、特定の処理を実行し、必要に応じて戻り値を返すプログラムのこと。
→引数

シーケンス
UiPath Studioで作成可能なワークフロー形式の1つ。一連の処理が直線的に実行されるタイプのワークフローに適している。
→UiPath Studio、ワークフロー

式エディター
UiPath Studioで、変数や式を編集するときに利用できるツール。
→UiPath Studio、変数

［出力］パネル
実行された処理の各種情報（エラー、警告、情報など）、が表示されるUiPath Studio上の画面要素。［1行を書き込み］で指定した情報も表示される。
→UiPath Studio

スクリーンショット
画面上に表示されているウィンドウや、そこに表示されているテキストや数値などの情報を画像として保存したもの。

スクレイピング
WebページやPDFファイルなど、指定したUI要素を読み取り、そこからテキストデータを抽出する機能のこと。

ステップイン
UiPath Studioのデバッグ実行モードの1つ。作成したワークフローを1つずつ実行し、その状態を確認できる。
→UiPath Studio、ワークフロー

セレクター
UiPath StudioやUiPath Robotが、自動化の対象として認識したり、識別したりするためのUI要素を文字列で表したもの。
→UiPath Studio、UiPath Robot

注釈
アクティビティの動作内容を分かりやすく追記しておくためのコメント機能。
→アクティビティ

テキストボックス
文字列や数値など、何らかの情報を入力するために利用されるアプリやWebページ上のUI要素のこと。
→アプリ

［デザイナー］パネル
UiPath Studioを構成する画面要素の1つ。アクティビティを並べ、ワークフローを作成するために使う中央の画面のこと。
→UiPath Studio、アクティビティ、ワークフロー

パッケージ（アクティビティパッケージ）
UiPath Studioで利用可能な複数のアクティビティをまとめたファイル。他社製のアプリやWebサービスを自動化するためのパッケージが豊富に用意されている。
→UiPath Studio、アクティビティ、アプリ

引数
呼び出した外部のワークフローファイルや関数など、ほかの処理に受け渡す値のこと。
→関数、ワークフロー

表示名
UiPath Studio上で表示されるアクティビティの名前のこと。標準ではアクティビティ名となるが、分かりやすく変更することもできる。
→UiPath Studio、アクティビティ

ブラウザー
インターネット上のWebページを表示するためのアプリケーションのこと。

フローチャート
UiPath Studioで作成可能なワークフロー形式の1つ。アクティビティ同士を自由に連結できるため分岐や再帰を構成できる。
→UiPath Studio、アクティビティ、ワークフロー

プロジェクト
UiPath Studioで作成したワークフローを構成する各種ファイルをひとまとめにしたもの。
→UiPath Studio、ワークフロー

プロセス
自動化処理の実行時の呼び方。UiPath Orchestratorで管理する場合など、自動化処理の実行状況を管理するときはプロセスと呼ぶ。
→UiPath Orchestrator

プロパティ
アクティビティの動作に影響を与える各種パラメーターの設定項目。
→アクティビティ

変数
データを格納したり、一時的に記憶したりするための入れ物のようなもの。

レコーディング
人間が画面上を操作する動きを記録・解析することで、その操作をもとに自動的にワークフローを作成する機能のこと。
→ワークフロー

ロボット
→UiPath Robot

ワークフロー
自動化処理の流れをグラフィカルに表現したもの。アクティビティの実行順序やそれぞれの関係が表されている。
→アクティビティ

索 引

記号・数字

.ToString	41, 46, 63, 83, 96
1行を書き込み	44, 83, 177

アルファベット

APIリクエストURL	167, 168
Array of [T]	70, 73, 183
Boolean	66, 132, 183
Catches	68
celDat	132
chkFlag	132
chkP	113
chkPrice	50, 62
chkType	62
cInfo	150
Cint	47, 62
Citrix	25, 120, 184
clickDate	142
Condition	63, 111
Contains	63
counter	45
CSV	106, 181, 184
CultureInfo	150, 183
DataTable	36, 41, 82, 86, 92, 106, 109, 183
DateTime	54, 56, 183
datJson	166
dName	70
dtToday	54
Equals	63
e-Stat	167
Excel	34, 38, 82, 86, 181
Exception	68
Exchangeメールメッセージを取得	182
expTable	82, 86, 92
fItems	70
fName	70
GenericValue	47, 112, 183
getAmount	82
getDat	166
HTTPリクエスト	158, 166, 182
IMAPメールメッセージを取得	182
inNum	78
InputDate	86
Int32	74
IsDefaultCase	67
Item	85
jaCal	150
JapaneseCalendar	150, 183
JObject	166, 183

JSON	166
List<MailMessage>	102, 183
msgDat	102
OAuth	160
Object	166, 183
OCR	141, 178
Outlook	100, 102, 182
pcheck	111
POP3メールメッセージを取得	182
resJson	166
Row	85
RPAチャレンジ	125
scrnShot	68
SMTPメールメッセージを送信	100, 182
Special Keys	164
StartsWith	63
String	62, 74, 151, 166, 183
targetCell	146
Text Editor	53
transactions	36, 46
TypeArgument	67, 105
UI Explorer	39, 124, 184
UiPath Activitiesガイド	39
UiPath Demo	24, 93, 107
UiPath Orchestrator	14, 184
UiPath Robot	17, 184
UiPath Studio	14, 184
UiPathアカデミー	174, 184
VB.NET	54, 74, 150, 185
VBAの呼び出し	149, 182

ア

アクティビティ	20, 38, 185
アクティベーション	15
新しいCaseの追加	67
アプリケーションID	167
アンカーベース	43, 124, 179
イベント	155, 181
イメージ	52
インスタンス	153
ウィンドウ	114, 122, 180
エージェントプロセス改善	19
エラーメッセージ	139
エンドポイント	159
応答情報	159
オフセット	122

カ

カウンター	38
拡張機能	25

カスタマーサポート—————————18
仮想環境—————————120
画像—————68, 118, 141, 156, 179
型（データ型）—————————185
型の参照—————————151
簡易HTTP—————————160
簡易認証—————————168
関数—————————185
行の挿入・削除—————————149
繰り返し—————39, 177, 178
クリック———94, 119, 135, 142, 156, 158, 178
クリップボードにコピー—————————123
警告音—————————78, 180
項目を選択—————42, 96, 179
コメント—————50, 177
コレクション内での有無—————————141

サ
削除—————————76, 181
シーケンス—————22, 34, 63, 177, 185
シートをコピー—————89, 149, 181
式エディター—————61, 65, 142, 172, 185
出力データテーブル—————————148
条件分岐—————62, 111, 132, 178
スイッチ—————————67, 177
スクリーンショット—————50, 68, 185
スクレイピング—————106, 123, 185
ステップイン—————————29, 185
すべての注釈を表示—————————52
セル—————46, 82, 86, 133, 181
セレクター———31, 37, 39, 124, 142, 185
選択範囲を取得—————————149
相関するデータを抽出—————————108

タ
ターミナル—————————123
代入———38, 61, 65, 73, 87, 135, 177
ダブルクリック—————————178
タブを閉じる—————————179
注釈—————————50, 185
通知フィルター—————————155
重複行を削除—————————149
ディレクトリを作成—————71, 180
データテーブル—————39, 95, 148, 177
テキスト—————44, 141, 179, 180, 185
デシリアライズ—————————166
デフォルトメソッド—————————116
添付ファイルを保存—————102, 182
特殊フォルダーのパスを取得—————70, 180
ドッキング—————————52
トライキャッチ—————68, 178
トランザクションプロセス—————————19
トリガー—————————156

ナ
入力ダイアログ—————78, 180
入力をシミュレート—————————114

ハ
パス—————————73
パッケージ—————35, 158, 185
パネル—————————20
範囲—————36, 82, 86, 93, 149, 181, 182
引数—————90, 100, 110, 185
ピボットテーブル—————85, 149
表示名—————————51, 185
ファイル—————70, 139, 154, 180
フィールドを空にする—————————26
フィルターオプション—————————148
フォーラム—————————15, 174
ブラウザー———93, 107, 161, 179, 186
フロー条件分岐—————62, 178
フロースイッチ—————67, 178
プロジェクト—————————186
プロセス—————————186
並列—————————132, 177
ヘッダーの追加—————————89
変数—————21, 36, 44, 63, 186
ホットキー—————156, 179

マ
マウス—————————122, 156
マクロ—————90, 137, 182
未使用のスクリーンショットを削除—————50
メッセージボックス—————64, 111, 180
文字を入力—————92, 114, 126, 179
戻り値—————————90

ヤ
ユーザーガイド—————————175
要素を探す—————43, 125, 179
読み込み専用—————————133

ラ
ライブラリ—————————19
リクエストビルダー—————————159
リソースをダウンロード—————————160
リトライスコープ—————138, 177
レコーディング—————24, 186
列の挿入・削除—————————149

ワ
ワークブック—————————149
ワークフロー—————22, 186
ワークフローファイルを呼び出し—————110, 178
ワイルドカード—————————142

本書を読み終えた方へ
できるシリーズのご案内

シリーズ7000万部突破 ※1
売上 No.1 ベストセラー ※2

※1：当社調べ　※2：大手書店チェーン調べ

Excel関連書籍

できるExcel VBA プログラミング入門

仕事がサクサク進む自動化プログラミングが作れる本

小舘由典＆できるシリーズ編集部
定価：本体1,980円+税

Excel VBAでプログラミングの基礎を学びながら、Excelの自動化プログラムが作れます。仕事で役立つ実践的な練習用ファイルで効率化にすぐ役立てられます。

できる逆引き Excel VBAを極める勝ちワザ700

2016/2013/2010/2007 対応

国本温子・緑川吉行＆できるシリーズ編集部
定価：本体2,980円+税

売り上げNo.1のExcel VBA書籍にExcel 2016対応版が登場！ 実務で欠かせない処理や応用操作を700紹介。練習用ファイルがあるので、幅広く活用できる。

できる大事典 Excel VBA

2016/2013/2010/2007 対応

国本温子・緑川吉行＆できるシリーズ編集部
定価：本体3,800円+税

960ページの大ボリューム！ Excel VBAを網羅した解説書がついに登場。「これ1冊」で安心。サンプルファイルと電子版PDFが無料でダウンロードできる。

できる 仕事がはかどる Excelマクロ全部入り。

古川順平
定価：本体1,680円+税

「マクロ」でExcelの操作を自動化すれば、作業の効率が劇的に上がる！ 実務で活用できるさまざまなマクロを1冊にギッシリと凝縮！

できるExcel マクロ＆VBA

作業の効率化＆スピードアップに役立つ本
2016/2013/2010/2007 対応

小舘由典＆できるシリーズ編集部
定価：本体1,580円+税

マクロとVBAを駆使すれば、毎日のように行っている作業を自動化できる！ 仕事をスピードアップできるだけでなく、VBAプログラミングの基本も身に付く。

できる大事典 Excel関数

2016/2013/2010 対応

羽山 博・吉川明広＆できるシリーズ編集部
定価：本体3,500円+税

Excelの全関数を完全網羅した解説書。すべてサンプル付きで解説。サンプルファイルと電子版PDFが無料でダウンロードできる！

インターネット関連書籍

できるAmazon スタート→活用完全ガイド

菊地崇仁＆できるシリーズ編集部
定価：本体1,280円+税

できるGoogleサービス パーフェクトブック

困った！＆便利ワザ大全

田中拓也＆できるシリーズ編集部
定価：本体1,580円+税

できるOffice 365

Business/Enterprise対応
2018年度版

株式会社インサイトイメージ＆できるシリーズ編集部
定価：本体1,800円+税

読者アンケートにご協力ください！
https://book.impress.co.jp/books/1118101133

このたびは「できるシリーズ」をご購入いただき、ありがとうございます。
本書はWebサイトにおいて皆さまのご意見・ご感想を承っております。
気になったことやお気に召さなかった点、役に立った点など、
皆さまからのご意見・ご感想をお聞かせいただき、
今後の商品企画・制作に生かしていきたいと考えています。
お手数ですが以下の方法で読者アンケートにご回答ください。
ご協力いただいた方には抽選で毎月プレゼントをお送りします！

※プレゼントの内容については、「CLUB Impress」のWebサイト
（https://book.impress.co.jp/）をご確認ください。

ご意見・ご感想をお聞かせください！

1 URLを入力して Enter キーを押す

2 [アンケートに答える]をクリック

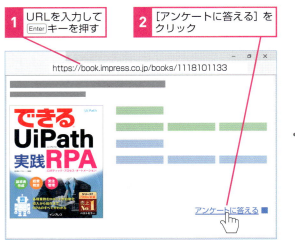

※Webサイトのデザインやレイアウトは変更になる場合があります。

◆会員登録がお済みの方
会員IDと会員パスワードを入力して、[ログインする]をクリックする

◆会員登録をされていない方
[こちら]をクリックして会員規約に同意してからメールアドレスや希望のパスワードを入力し、登録確認メールのURLをクリックする

本書のご感想をぜひお寄せください https://book.impress.co.jp/books/1118101133

「アンケートに答える」をクリックしてアンケートにご協力ください。アンケート回答者の中から、抽選で**商品券（1万円分）**や**図書カード（1,000円分）**などを毎月プレゼント。当選は賞品の発送をもって代えさせていただきます。はじめての方は、「CLUB Impress」へご登録（無料）いただく必要があります。

読者登録サービス

アンケートやレビューでプレゼントが当たる！

■著者
清水理史（しみず まさし）mshimizu@shimiz.org

1971年東京都出身のフリーライター。雑誌やWeb媒体を中心に
OSやネットワーク、ブロードバンド関連の記事を数多く執筆。
「INTERNET Watch」にて「イニシャルB」を連載中。主な著書
に『できるパソコンのお引っ越し Windows 7からWindows 10に
乗り換えるために読む本』『できるポケット スッキリ解決 仕事に
差がつく パソコン最速テクニック』『できるWindows 10 改訂4
版』『できるWindows 10 活用編』『できるゼロからはじめる
Androidスマートフォン超入門 改訂3版』（インプレス）などがあ
る。

STAFF

本文オリジナルデザイン	川戸明子
シリーズロゴデザイン	山岡デザイン事務所<yamaoka@mail.yama.co.jp>
カバーデザイン	株式会社ドリームデザイン
カバーモデル写真	PIXTA
本文イメージイラスト	原田　香
DTP制作	株式会社トップスタジオ
編集協力	西田康一
デザイン制作室	今津幸弘<imazu@impress.co.jp>
	鈴木　薫<suzu-kao@impress.co.jp>
編集	田本康平<tamoto@impress.co.jp>
編集長	大塚雷太<raita@impress.co.jp>
オリジナルコンセプト	山下憲治

本書の発行後に各サービスやアプリ、製品、料金プランが変更されたり、提供が廃止されたりすることがあります。紹介しているアプリやサービスの使用法は用途の一例であり、すべての製品やサービスが本書の手順と同様に動作することを保証するものではありません。

本書の内容に関するご質問については、該当するページや質問の内容をインプレスブックスのお問い合わせフォームより入力してください。電話やFAXなどのご質問には対応しておりません。なお、インプレスブックス（https://book.impress.co.jp/）では、本書を含めインプレスの出版物に関するサポート情報などを提供しております。そちらもご覧ください。

本書発行後に仕様が変更されたソフトウェアやサービスの内容などに関するご質問にはお答えできない場合があります。該当書籍の奥付に記載されている初版発行日から3年が経過した場合、もしくは該当書籍で紹介している製品やサービスについて提供会社によるサポートが終了した場合は、ご質問にお答えしかねる場合があります。また、以下のご質問にはお答えできませんのでご了承ください。

　　・書籍に掲載している手順以外のご質問
　　・本書で紹介していないアプリケーションの記録・制御に関するご質問
　　・ソフトウェア、サービス自体の不具合に関するご質問
　　・個別に作成したアクティビティの組み合わせ、動作に関するご質問

本書の利用によって生じる直接的または間接的被害について、著者ならびに弊社では一切の責任を負いかねます。あらかじめご了承ください。

■商品に関する問い合わせ先
インプレスブックスのお問い合わせフォーム
https://book.impress.co.jp/info/
上記フォームがご利用いただけない場合のメールでの問い合わせ先
info@impress.co.jp

■落丁・乱丁本などの問い合わせ先
　　TEL　03-6837-5016　FAX　03-6837-5023
　　service@impress.co.jp
　　受付時間　10:00～12:00 ／ 13:00～17:30
　　　　　　　（土日・祝祭日を除く）
　　●古書店で購入されたものについてはお取り替えできません。

■書店／販売店の窓口
　　株式会社インプレス 受注センター
　　TEL　048-449-8040　FAX　048-449-8041

　　株式会社インプレス 出版営業部
　　TEL　03-6837-4635

できるUiPath
ユーアイパス
実践RPA
じっせん アールピーエー

2019年2月11日　　初版発行
2019年10月11日　　第1版第6刷発行

著　者　　清水理史 & できるシリーズ編集部
　　　　　しみずまさし アンド　　　　　　　へんしゅうぶ

監　修　　UiPath株式会社

発行人　　小川　亨

編集人　　中村照明

発行所　　株式会社インプレス
　　　　　〒101-0051　東京都千代田区神田神保町一丁目105番地
　　　　　ホームページ　https://book.impress.co.jp/

本書は著作権法上の保護を受けています。本書の一部あるいは全部について（ソフトウェア及びプログラムを含む）、株式会社インプレスから文書による許諾を得ずに、いかなる方法においても無断で複写、複製することは禁じられています。

Copyright © 2019 Masashi Shimizu and Impress Corporation. All rights reserved.

印刷所　　株式会社廣済堂

ISBN978-4-295-00567-4 C0034

Printed in Japan